內在女性覺醒

潘蜜拉・克里柏——著
PAMELA KRIBBE

艾琦——譯

DE VERBODEN VROUW SPREEKT

釋放被禁錮的女性能量，從心而活！

目錄

第二部分

踏上覺醒之路

〈作者序〉

療癒創傷，整合內在兩性能量

現代的女性被允許像男性一樣工作，創建事業，聚集財富，她們在法律上擁有同樣的權利與義務，也能夠自由地發展。而且，在當今的書籍與電影中，你會看到女性變得越來越有行動力，越來越有自我意識。

儘管女性在形式上與男性是平等的，但若干世紀以來，**對女性能量的誤解與扭曲導致女性靈魂深處存在著創傷**，這種創傷便是本書討論的主題。首先，**「被壓抑的女性」**也是**「受傷的女性」**，一位受傷的女性或許能夠創建事業、建立關係，如「女強人」一般，但是外表之下往往隱藏著自我懷疑與無價值感。受傷的女性往往具有大量付出、深刻地感受他人的傾向，然而她們卻深感難以為自己挺身而出，難以設定界線，這使得她們較易失去自我，缺乏穩固的根基。女性擁有她們想與這個世界分享的創造力、靈感與愛，然而，絆腳石卻是，**她們對自身的價值缺乏自信**。

她們的真實面目真的受歡迎嗎？

在大學完成了哲學專業的博士論文，與學術界告別之際，我遇到了自己內在的「被壓抑的女性」。那時，我強烈地感受到來自內心深處的呼喚，呼喚我以感受的方式——而不見得以理性分析的方式——來探討人生問題、探索靈性。那段時間，因為一段關係的破裂，我備受打擊，無比地絕望；理智層面上的「食糧」已經無法滿足我對了知人生意義的渴望，以及對愛的飢渴。我鑽研各種神祕學書籍，並饒有興趣地參加了「解讀生命能量場」的培訓課，新的人生篇章開始了，那時的我三十出頭，幾年之後（也是在遇到我現在的伴侶之後），我創建了自己的工作室，幫助人們解讀生物能量場，並提供靈性諮詢。那不久之後，我與一些指導靈陸續建立了連結，我傳導他們帶來的訊息，並將這些訊息結集成書。

將自己的工作公之於眾，與之相伴的是極大的恐懼與遲疑。我們獲得了許多關注，以及許多充滿肯定與溫暖的回應；然而，我卻長期受挾於內在深處的自我懷疑與不確定感。我內在那個「被壓抑的女性」是一位直覺強、有靈視能力的女性，她想要進入生命的核心，想要用心而非用頭腦去感受與理解；我非常害怕將自己的這一面展示在公眾前，我內在「已被塑造，力圖避免衝突」的那一部分害怕遭到拒絕與嘲笑。

隨著時間的推移，我開始慢慢地適應，在陸續舉辦工作坊和講座、面對（越來越多的）聽眾時，我不再那麼緊張。接下來我需要面對的還有一個挑戰——對於前來尋求幫助的人，我無法說「不」，我無法明確地表明界線，且對前來找我的人所承受的痛苦與折磨非常敏感。這最終導致了一次嚴重的危機——胃炎、精神崩潰，並因具有精神病性症狀的憂鬱症而住院治療（詳見《靈魂暗夜》一書）。

在此危機的谷底，我與這一切苦難的根源狹路相逢——**無價值、有罪、有錯的感受**。以此為出發點的我，**時時刻刻都必須竭盡全力做好一切，以獲得首肯與愛**；與此同時，**我壓抑自身的需求**。這極具破壞性的「無價值感」為我帶來了深重的影響，我幾乎為此失去了生命。從靈魂暗夜中艱難地走出來後，我首次以「自愛」為基礎看待與體驗自己：**愛自己，如自己本然的樣子，而非自己「應該是」的樣子**。這一基礎雖還不算堅實，但卻大幅使我更加堅定、更有自我意識。如今，我心中常常升起一種幸福感與充實感，在我所進行的工作及擁有的生活中。我內在那位「被禁錮的女性」終於可以走出來，站在陽光下。

本書中，我與一位來自於過去「被壓抑的女性」——**抹大拉的馬利亞**——對話。在基督教歷史上，她是一位被禁錮的女性。根據基督教傳統教導，她是妓女，一個不守規矩的野性女子，需要耶穌赦免她的罪。至少，這一故事的官方版是這樣描述的。

與她相處的過程中，她給我的感覺是：一位強而有力同時充滿愛的導師。有時，她非常率直，有些咄咄逼人，但大多數情況下，她非常溫柔，對人類的各種情緒充滿了理解。在我眼中，她並不是女權主義者，而是一位睿智、充滿熱忱的女性。**她探討女性內在創傷的同時，也不忽略男性所遭受的創傷，主張兩性能量的合作**。她說，無論是**男性或女性，內在都擁有「被禁錮的女性能量」，此能量關乎於感受、直覺與心靈**。這一時期，男性與女性身上的這一能量都要覺醒，這樣我們才能於自身、於各種關係中，以及政治和社會層面上，獲得內在平衡，

我是如何與她相遇的呢？又以何種方式與她對話呢？

二〇〇一年，我與先生赫里特·傑倫一起在法國南部舉辦以「靈性與內在成長」相關的工作坊。那時，我們開辦工作室已近十年，我也出版了幾本彙集約書亞（耶穌的亞拉姆語名字）的傳導訊息書籍。「傳導」亦即接收已超越地球實相的導師或源頭的訊息，訊息的接收發生在內在層面——憑藉直覺，而非頭腦，對資訊源敞開自己。我並不會聽到聲音，或者眼前出現什麼形象；對我來說，「傳導」並非藉由生理感官來覺察，而是**自內而外地「感到」與「知道」**。

傳導時，我是「翻譯」（或者說「橋梁」），將源源流入內在的洞見轉譯成人類的詞語和概念。過程中也有可能存在某種程度的「過濾」（或者「失真」），我也是人，我的工作更是建基於自己所掌握的詞彙，以及個人文化背景；判別傳導訊息最好以其內容為主：看一看你是否**受其觸動**，它是否**帶給你啟迪與明晰**，是否使你**感到放**

鬆、**溫暖**與**備受鼓舞**，若確實如此，就說明來自這一管道的資訊能夠對你有所說明；如果所傳導的資訊中不乏評判或恐懼，我比較傾向將其置之一邊，因評判與恐懼並不屬於愛與真實的意識覺知。最終而言，判斷某些知識對你是否有用的尺度就在你之內，這適用於來自各種管道的知識，無論是否透過傳導都如此，要運用自己的直覺來辨別哪些訊息對你有益、哪些並不適合你。

在法國舉辦工作坊的當下，我以為我將會傳導約書亞的訊息，不過事情發展卻完全出乎意料。我坐在許多充滿興趣、滿心期待的聽眾面前，忽然感覺到一股全新的能量。雖然因著這一「突發事件」而心生懼意，不過我決定臣服於它，因為我感覺這是一股很好的能量。我感覺到抹大拉的馬利亞的能量流經我的身體，心中升起一股感動。

我開始以她的名義講話，彷彿有什麼古老與珍貴的東西蘇醒過來——被禁錮的女性能量，感動在室內彌漫，有幾位女士不禁啜泣起來。那時的我相當理性（作為一個荷蘭人），也富含懷疑精神（作為一個在科學哲學領域獲得博士學位的人），而眼前發生的一切深深地觸動了我。抹大拉的馬利亞在她帶來的第一篇靈訊中談論了**「女性的腹部創傷」**——她如此稱呼它。她說，女性能量被壓抑而變得衰弱，所留下的痕跡在腹部尤為明顯。許多女性的能量場在腹部都有一個「空洞」，這與**「缺乏自我價值**

感」是分不開的，儘管「在法律或社會層面上恢復女性的平等權益」非常重要，但僅憑藉這一點是無法療癒這一心理創傷的。深度的療癒是必須之舉，抹大拉的馬利亞（通過我傳導）的訊息正是以此為主題。

最近這幾年，我接收到她的一系列訊息，其中的十五篇被收錄在本書的第二部。這些文字源自於我們舉辦工作坊時，在眾人陪伴下所傳導的訊息。這些訊息主要討論了**兩性能量**、**關係**、**性**，以及**女性腹部創傷的療癒**，這些文字除了帶給大家訊息外，還充滿了愛與鼓勵，閱讀這些文字時，你所感受到的能量上的變化才是關鍵之所在。這些訊息的目的在於：**帶你走近自己**。它們並不僅僅是為了傳遞訊息，而是助你與內在的真相及智慧建立連結。

本書的第一部記錄了我與她的對話，我向她提出了各式各樣的問題，比如：她是誰，關於我們內在那被壓抑的女性能量，關於愛、激情與性。

寫作過程中，我感到她自己也有一些想要討論的議題。首先，她指出了辨別「基於心靈、充滿愛的男性能量」與主宰近代史的「基於抗爭與掌控的男性能量」的重要性，她說，這一時期，更高的男性能量的蘇醒尤為重要。

接下來她闡述了女性能量的陰暗面向：女性失去自我意識的話，可能會承納充滿操縱性、占有欲或憤恨的形象。關於女性能量，她幫助我們辨別「建基於恐懼與抗爭的女性能量」與「建基於心靈、充滿愛的女性能量」，她說，男性與女性如果不對自身的陰影面負起責任，兩性之間的爭戰就會不斷滋生，人們在關係層面上所進行的複雜遊戲中，女性與男性都有可能成為受害者或加害者。**在通往平衡與和諧的道途上，關鍵的一步在於，整合自己內在的男性與女性能量**，只有這樣，我們才能於內在變得完整，與靈魂建立連結，並以此為出發點進入與他人的關係。

除了深入討論女性的腹部創傷，以及隨之而來的缺乏根基與自我價值感，她還具體討論了男性能量的創傷，提到了男性心中的創傷，這一創傷使得他們難以臣服於自身的感受與直覺，療癒這一創傷與恢復女性的腹部力量同等重要。這兩種不同的創傷也需要不同的療癒方法，她分別講述了療癒男性與女性創傷的三個步驟。儘管療癒兩性創傷的道路並不相同，但它們殊途同歸：**內在的自由、與靈魂的連結、充滿愛的性體驗**。

第一部分

與靈訊對談

第一章　被壓制的女性

問：在哪些面向上你是「被壓制的女性」，這又如何影響了你？

我天生就有很強的獨立意識，厭惡人們——尤其是男人——將他們的意志或觀點強加於我。我隨自己的意志而行，想要擁有屬於自己的體驗，並以此為基礎建立自己的看法；也就是說，我與自身的男性能量有著頗為緊密的連結。

而在當時那年代，這卻是一個不小的問題，因為社會為女性明確設立了各種規範與準則，並要求女性將其作為生活的準繩。少女時期，女性便在社會與家庭的薰陶下，為嫁作人妻、成為人母做準備，「追求精神自由、放棄家庭生活」會成為一個被社會拋棄與排斥的人。

十八歲時，年輕的我與一位較年長、精神極其自由的男性一起踏上旅途。在他身邊我感到很開心，我們並沒有結婚，也不打算結婚，我們過著自由、充滿冒險色彩的生活，在他身邊，我絲毫不覺得拘束。我心中充滿了熱忱與激情，對於社會上的不公及女性的不平等有著強烈意見，我探索著成長，也時時從師於在各處遇到的靈性老師。那時，我已經是一個「被壓制的女性」，因為我沒有選擇那個時代的「既定之路」。一段時間後，我與一個比我年輕的男性建立了親密關係，就更成了社會眼中的「放蕩女人」。我並非像《聖經》所描述的那樣，是一個妓女，而是與不止一個男人有著親密關係（有的還是同時）。與同一個人建立親密穩固的連結，我對此心存懷疑，我害怕會因此而失去自己的獨立性，我想要一直保持自由。我曾經擁有的親密關係都非常強烈且充滿冒險感，缺乏穩定性與家庭生活的色彩。

遇到約書亞時，我追求自由的精神遇到了挑戰。在他之內，我看到一個能量極其精微的老靈魂，不僅如此，我還發現他就是男性能量得以平衡的傑出榜樣。他，以及他所代表的能量深深地觸動了我，他擁有僅憑眼睛、聲音和自身能量就能觸動他人的能力，因為他的存在，我看到了自己以前從未見過的內在黑暗面，我開始認識到，我對於自由獨立的渴望同時也是一種逃避，逃避與他人接近，害怕受傷害。我在自己周圍建起防禦牆，這帶給我「一切皆在掌控之中」的感覺。然而，約書亞的靈性深度與智慧深深地打動了我，我決定要直視自己內在的黑暗面，不再否認心中的恐懼。

我與約書亞相愛了，這永遠地改變了我的人生。我全心全意地、忠誠地伴隨著他，不過這種忠誠並沒有一絲一毫的屈服或盲從。我真切地感受到他內在那充滿智慧與慈悲的宇宙火焰，我願意為它全心全意地投入自己。為此，我也付出了巨大代價，因為我再也不能愚弄自己說自己是自由且無拘無束的。我是他的親密愛人，這對我來說意味著，我與他在個人層面上緊密地連在一起，作為生活在地球實相中的女性，我深愛著他，想要照顧他，保護他遠離危險。

他去世後，我感覺自己也被擊垮。我空虛憔悴、身心俱疲，不想再活下去。那時我不得不督促自己，我必須重新建構自己的生活，而且我的內在也攜帶著約書亞所傳播的光。他所傳播的愛與慈悲能量並非他所獨有，而是來自於某一充滿光與智慧的宇宙源頭。約書亞與這一宇宙光場有著緊密的連結，而且他也啟動身邊人——那些對此持開放態度的人——與之的連結。我必須學著加強自己與這一光場的連結，進而不再依賴約書亞的肉身陪伴。這過程異常艱難且沉重，因失去摯愛之人而哀痛、悲傷是人們的自然反應。在地球生活中，對於生活伴侶而言，常伴左右是不可或缺的，當時，我備感孤獨與絕望。儘管如此，最終我還是找回了自身的力量，並帶著臣服與信任的意識覺知度過了人生的最後階段。

在這一階段，我自己也成為了導師。因著自身的種種經歷，我於內在對那充滿智慧的宇宙源頭敞開了自己，它不僅帶給我安慰，他人也能從中受益。我將自己的感受與洞見寫下來，並將它們分享給少數「有耳能聽」的人。那一時期，我只能暗中進行靈性修習，隱蔽地與他人分享自己的洞見，也因此，我再一次地成為「被壓制的女性」——首次「被壓制」是我年輕的時候，那時我不肯受縛於婚姻；第二次「被壓制」則是因相悖於既有宗教體系的新靈修方式。

「被壓制」對我產生了深重的影響，社會的拒絕與排斥會影響一個人對自己的看法，即便此人既堅強又獨立，也可能會於內心深處產生懷疑，懷疑自己是否真的「怪異」，是否真的不如他人。出於自我保護，我有時會表現得相當強硬或高傲，我對社會道義頗有微詞，認為它既懦弱又偽善；然而，我的內在深處，卻蟄伏著被拒之痛。遇到約書亞、並開始認真覺察這些內在過程之後，我漸漸地不再關注與介意來自社會的評判。當我作為一位中年女性，隻身四處演講之時，來自當權體制的惱怒已經影響不了我，我不再受其制約，不再自我懷疑，我已經能夠接納自己，依循自己的真實本性而行。

問：如今，女性的權益遠大於你所生活的那個時期，而且，人們對於「作為女性該如何」的看法也發生了變化。在較為進步的社會中，女性能量與男性能量的地位是平等的，那麼，現在還依然存在著「被壓制的女性」嗎？

和我生活的那一時期相比，確實已經發生了巨大的變化，可以說取得了很大的進步。女性更有自由決定自己想要如何生活、是否結婚、是否生子、是否工作。這一巨大成就對人類的整體進步產生了深重的影響，儘管無論在社會或政治層面上，女性都能夠在很大範圍內彰顯自我，但是，許多女性依然持續與內在的痛苦或創傷鬥爭，這些傷痛阻礙了她們在生活中真正獲得充實。如今，表面上的阻礙日漸減少，她們開始遇到內在的阻礙，這些障礙僅能藉由內在之路來移除。

這些**內在障礙**與**內在深處的無價值感**有著密切關係，導致此無價值感的原因之一便是長久以來女性所受到的壓制，至今每個女性依然受其影響，儘管有些人並沒有意識到這一點。正如生理層面上的基因，也存在著能量層面上的基因。你們出生在遠比你們古老的文化與社會環境中，而且在這樣的能量氛圍中長大；此外，諸多前世中，你們也曾生活在男女極不平等的地方與時代，不僅如此，你們還分別作為男性與女性，從兩個不同的面向體驗到這一點。就是說，你們身上浸透了來自過去的能量，而與此同時，作為靈魂，你們來這裡又是為了傳播新能量，你們之內那「被壓制的女性」便是若干世紀以來不可以展現自己，在性、創造性與靈性等領域必須隱藏自身力量與獨創性的女性。這些精神與情緒上的壓制與摧殘所導致的後果是，時至今日，女性依然缺乏自我意識，對她們來說，運用自身的男性能量依然是禁忌。女性在占據屬於自己的一席之地、接受而非給予、說「不」、為自己挺身而出等方面感到缺乏自信。男性能量設定界線、以自我為本位、敢於特立獨行……女性需要這一能量以獲得平衡，成為自己人生的創造者。

問：就是說，女性需要男性能量來療癒自身的內在創傷？這聽起來有些吊詭（因為女性正是受到了男性的壓制）。

是的。為了看清這一點，至關重要的是，必須意識到**每個人在本質上既擁有男性能量，也有女性能量**。比如，在肉身層面上你是一位女性，這也影響了你的思維與行為方式；然而，在本質層面上你是一個靈魂，靈魂可以選擇是輪迴為男性或女性。靈魂本身是自由的，在體驗與實踐過程中，既運用男性能量，亦運用女性能量；讓人們相信男性只擁有男性能量、女性只擁有女性能量，其實是一種壓制，如果人們真的相信這一點，就相當於將自己「截肢」，事實上也確實如此。若干世紀以來，女性被迫認同於自己的女性身分，而用於定義「女性身分」的詞彙則往往是「伴侶」和「母親」，而且還與「不理智」「情緒化」等特性——與「理智」和「意志堅強」等男性品質恰恰相反——聯繫在一起。不僅如此，男性也被迫穿上了束身衣，他們必須做一個「真男人」，壓抑自身的情緒、關閉心扉，在某些領域中——很多情況下，甚至不是他們自己選擇的領域——做出斐然的成績。

對「男性品質」與「女性品質」的片面定義，並迫使人們去扮演這樣的角色，無論在男性還是女性身上，都造成了內在的創傷。因此，倘若我說，對於女性而言，擁抱自身的男性能量是至關重要的，我的意思其實是女性要與自己的靈魂建立更緊密的連結。靈魂同時擁有這兩種能量，而且，為了能夠在地球上全然彰顯自己，這兩種能量都是不可或缺的。她們必須將自己從有限的定義與角色中解放出來，**全然擁抱自己靈魂的個體性**。

同樣地，**男性則需要女性能量以於內在療癒自己的情緒創傷**。只有他們真正覺得接納自身的感受與同理心——亦即自身的女性能量——本就無可厚非，才能重新敞開心扉。和女性一樣，男性也被阻礙與自己的靈魂建立連結，事實上，人類歷史上最為嚴酷的壓制就是**對靈魂的壓制**，而靈魂本是地球人格的原點，是男性與女性的源頭，是可以探索一切的自由個體，是超越世間一切權力與力量的神聖出發點。

地球實相中的掌權者不愛靈魂。與自己的靈魂建立連結的人，會遵從自己的意願，且堅如磐石，恐懼——比如對被社會排斥的恐懼、對肉身死亡的恐懼——對他們的影響也變得越來越小。他們掙脫外在權威的束縛，聆聽內在的聲音。這對於建基於權力與掌控的權威而言具有相當大的破壞性，宗教權威、社會權威及在婚姻、家庭、教育、科學等領域中權力的行使，都是借助被壓制的人的**恐懼**而進行的。如果此人從恐懼中解放出來，重新找到通往靈魂之路，掌權者的日子就屈指可數了。掌權者直覺地意識到這一點，因此他們一直都在摧毀他們想要統治的人的**自我認知**。如果一個人能夠破壞人們的自我認知，削弱人們的自信，相對而言，他很快就能夠掌控這些人；而**與靈魂的連結**則會幫助人們衝破虛假的自我認知，無論男性與女性都是如此。

問：也就是說，還存在著「被壓制的男性」？

確實如此。因著你們身處其中、建基於權力與壓制的體系，男性在情緒層面上也同樣備受創傷。

年少時期，一些特質在男孩身上就遭到了禁止，比如展示自身的脆弱、表述自己的感受、哭泣、顯露情緒、沒有表現自己或在某些方面出類拔萃的願望等；而如果女孩這樣做的話，卻被視為是非常自然、天經地義的。

長期以來，男性在從心而行方面備受打擊，迄今，這種打擊並未完全消失。心被看作是「感性」的根源，頭腦則被看作是「理性」的基座，一個「真正的男人」不會被情緒牽著鼻子走，也不會衝動行事或多愁善感，而是跟隨自己的頭腦，理智地思考，做出正確的決定，這就是社會樹立的傳統男性形象，從中你可以看出，心首先被以「感性」為由取消資格，接下來，又將其與「男性最好遠離」的女性能量緊緊地聯繫在一起。也就是說，先設置限制性的定義，然後，再將這些定義灌輸給男性或女性，使他們不僅依之行事，還認為自己根本無法超越這些定義所設定的框架——「女性本來就比男性情緒化，因此更加不可捉摸，更加衝動任性。」及「男性生性理智，因此更加善於思考，並做出決定。」

事實上，**讓頭腦與心互相對立，這本身就是不對的**。頭腦確實是思維的基座，但是，**心是愛與慈悲的基座，愛與慈悲並非情緒上的衝動，而是某種形式的亙古智慧**。一顆進化的心根本不是難以捉摸、多愁善感或衝動任性的；它堅不可摧，能夠抵達頭腦根本無法理解的真相，心是通往靈魂的門戶。現在，你明白為什麼在人類漫漫歷史長河中，對心的定義已經如此扭曲了嗎？

男性集體能量所遭受的創傷位於心，女性創傷則在腹部，她們被奪去自信，難以為自己挺身而出、占據屬於自己的一席之地。就這一點而言，男性的能力相對較強，然而，他們感到難以敞開心靈、讓感受流動，這對他們來說幾乎是「違背天性」之事，這是「禁區」，因為展露情緒會使人顯得脆弱，被他人欺負。在男性意識中存在著一個觀念，亦即，人與人之間，尤其是男性之間，永遠存在著爭戰，你自始至終都得競爭，都要表現出「人生就在自己的掌控之中，而且在必要之時完全能夠保護自己」的樣子。此防衛意識阻礙了你與他人建立真正的連結，想要建立這樣的連結，就要先推倒這道防禦牆，只有展示出自己的人性、心中的疑問與猶疑，才能真正地與對方連接；只有投入其中，**允許自己被觸動**，才能夠與他人進行真正的溝通。亦即，**想要與對方建立真正的連結，就要先放下掌控**，然而，男性對此心有障礙，因為他們受到的薰陶恰恰是：具有掌控力的男人才是優秀、具吸引力、令人羨慕的男人，允許自己的心被觸動，具有極大的風險性。

此思想所導致的苦果是：「成功，受歡迎」的男性往往與「心扉緊閉」聯繫在一起。人們覺得關閉心扉會使自己變得強大與安全，而為此所付出的代價則是，缺乏感受、沒有一點活潑生氣，而且缺少親密的溝通，生命再也無法藉由感受、靈感與直覺自發地流經你，因為你的頭腦擋在中間，設置障礙。你的頭腦試圖掌控一切，一直這樣下去的話，最終，你都無須再壓抑自己的感受，因為你已經沒有感受。而且以這種方式鎖上心扉，亦可能會疏離生命本身，對其感到陌生。

「無感」並非小問題，這其實說明你與自己的靈魂缺乏連結，這對那些認同於自己的頭腦、試圖藉由邏輯思維來掌控人生的男性更是一種威脅，他們於內在感到孤獨，缺乏與自己、與他人的接觸與溝通。如果一個人長期缺乏靈魂的滋育與啟迪，其言行舉止就會越來越像一個「沒有靈魂的人」。

問：你的意思是，如今遍布世界的暴力行為，比如戰爭、對女性的壓制、對自然的破壞等，是因為男性的「封閉之心」？

是的，在很大程度上確實如此。**與靈魂缺乏連結的話，男性會因此而傾向於暴力，女性則是無力感**。當然並非總是這樣，而是往往如此。

大規模的戰爭、殘酷的暴力、慈悲與同理心的缺乏、深刻的恨、激烈的紛爭……這些往往源自於「封閉之心」。爭鬥心、不信任及缺乏溝通很容易導致攻擊性，而以心靈為出發點的話，則會創造完全不同的局面。不過，首先你要認識到，心是智慧的源泉，它在對立的雙方之間築起橋梁，而**基於「恐懼」與「控制欲」的頭腦並不是智慧**。最終，人類只有借助來自心靈的**智慧與靈感**才能解決地球上的各種重大問題。

問：也因此，男性必須要重新敞開心靈，女性則必須重新拿回自己的力量？

是的，這也會使男性與女性在個人生活中獲得幸福。接納自身女性能量的男性會成為更有自我覺知、充滿愛、強而有力的男性；而接納自身男性能量的女性同樣也會成為更有自我覺知、充滿愛、強而有力的女性。兩性之間的關係會變得更加深入、更加充滿喜悅，這時，雙方之間的愛才是真正的「靈魂對靈魂」的愛。由此，人們能夠放下對性別角色的刻板印象，以自己獨特的方式彰顯其內心的聲音。只有靈魂進入人類的內在感受層面，才會有真正的改變發生：個人生活、與他人的關係，以及社會和集體關係上的改變。

問：女性能量的復蘇能夠產生什麼樣的影響？

如今這一時期，眾多女性紛紛踏上靈性覺醒之路，她們感受到另一種生活方式的必要性，亦即，從自身的感受、熱忱以及與他人的連結中獲得靈感與啟迪。相較於以成功人士的身分獨自站在聚光燈下，與他人在一起更使女性感到快樂，「與他人連結並藉此體驗快樂、愛與超越」是她們的天性。此處，「超越」的意思是感受到自己是某一更大整體的一部分，並從中汲取喜悅，你並非放棄自己，而是獲得成長。在此連結中，你為其增添彌足珍貴的「一磚一瓦」，並因「被認知」與「被看到」而獲得靈感與喜悅。

靈性覺醒的女性並不僅僅忙於「生存」，而是想要從生活中真正獲得收穫，並試著以此方式與社會及周遭的人互動。她們尋找意義，尋找能夠真正感覺到的人生意義，此意義並不取決於外在世界：伴侶、工作、住宅或家庭，而只在於內在的體驗，體驗到與這些事物之間的連結，體驗到自己與家庭、住宅、領導——或者其他任何觸動你、使你感到驚奇、為你帶來啟迪與靈感的事物——之間的互動。

就這個世界的整體覺醒而言，女性對於建立深度連結的渴望及這方面的能力是至關重要的，對**「真誠開放的溝通」**的渴望為這個世界所必須做出的改變奠定了基礎。內在成熟的女性與伴侶、子女、朋友及同事建立深刻、熱誠、富有意義之關係的能力，在此過程中起著決定性的作用。

問：為什麼女性的連結能力至關重要呢？

因為**在這個世界上，幾乎所有問題都是由「被扭曲的關係」引起的**。「不理解」甚至是「根本不想理解」與自己思想不同的人（比如膚色、文化或信仰不同的人），這是女性能量不夠發達的表現；敵意、輕易評判他人、死守自己的思想觀念（無論是否與信仰有關）則是缺乏新奇感與開放之心，缺乏站在他人立場思考之能力的表現。**同理心——站在他人的處境換位思考——是成長到一定程度的靈魂所擁有的美德**，如果你不願意換位思考、不願對他人的感受持開放態度，那麼，真正的溝通是不可能發生的，因此，你也無法與對方在感受層面上建立連結。**「真正的溝通」**會在人們之間創造一個能量場，如果在場之人皆敞開自己的話，會創造偉大的突破。彼此敞開心扉，建立靈魂層面上的溝通，參與的各方都會因此而受益。

在更大的規模上，比如工作或政治上，創造諸如此類的連結場都是首要之重，缺乏此能量場的言行無異於對牛彈琴，對方根本不會接受。倘若對方感覺自己並沒有「被看到」的話，主導其行為的將是自身的**防禦機制**與防護面具；如果並未對對方敞開心靈，就會在「抗爭的自我」層面上運作，這種情況下，儘管你們在表面上能夠讓談話進行下去，甚至能夠就某一問題達成共識，然而如若缺乏「真切的連結感」，從唇間流出的也大多是空話。這個世界上，這種表面上的交流太多了，毫無連結感的泛泛之談甚至成了再平常不過的事。與他人交談時感受真正的連結、真正的情緒，許多人都對此持逃避的態度。

問：如今世界上眾多問題的背後原因，是否就是「沒有真正的連結」，亦即女性能量的缺乏？

是的。你可以在三個層面上建立連結：一、**與你自己**；二、**與他人**；三、**與自然**。**與自己的連結是其他一切連結的基礎**。與自己的連結意味著全然地接納本然的自己，你認為自己值得被認真地對待、值得被聆聽，你對自己有著基本的愛，縱使你並不完美，有著負面的情緒與想法，這一「基本之愛」也會助你於內在深處接納與擁抱自己，願意真正地瞭解這些負面情緒或想法從何而來，以及可以如何去療癒。擁有自我尊重之基礎的你，會自然而然地以一顆充滿理解之心對待他人，若你能夠真正地深入自己的內在，對自己的人性深為理解，你看待他人的目光自然會變得溫柔，你會變得越來越深刻，目光更加寬廣，也不再輕易地評判他人。如此這般，在與他人交往的過程中，放下虛偽與做作，對彼此的感受持開放態度的可能性就越大。這會極大地豐富你與對方的關係，你也會透過真正的連結所帶給你的喜悅而認識到這一點。這也同樣適用於個人關係以外的關係，比如與同事、子女的老師或商店店員等。**對溝通與連結持開放的態度**，這是最基本的，由此，你將自己遇到的每個人都視為完整的個體，而非僅僅是在你生活中扮演某一角色的某個人。

與自己真正且真誠的連結不僅會助你與他人建立更開放的關係，也會助你與自然、與非人類的生命體、與地球、與你自己的身體建立更加親密的連結。愛會開啟你的內在之眼，藉由對自己說「是」，你不僅對流經自己的生命敞開心靈，也會同時對外在的生命敞開心靈。你在他人之內及自然之中認出同樣的生命之流，即使動物並不同於人類，更別說一盆植物或一棵樹，但你在它們之內看到了也同樣閃耀在你之內的火花。基於**自愛**的生活，使你對存在的本質精髓敞開：那流經所有生命體——人類與非人類——的意識與生命之流。

一個人如若實現了這三種形式的連結，就幾乎不再可能施展暴力，此人或許會掉回恐懼的陷阱，並因此而暫時將自己封閉起來，進入防禦的狀態；然而，一旦心已經敞開，便遲早都會回到自己曾已抵達的層面——敞開之層面。

泛泛而言，暴力是因為心靈尚未敞開，缺乏對自己的最基本的愛；常駐的則是**自我評判**、**孤獨隔絕**的感受，以及**內在的傷痛**。這是因著「缺乏連結」而引起的痛，不過人們並未（或者說尚未）認識到這一點。為了能夠承受這種痛，人們可能會去尋找「連結」的替代品，比如迎合某一將所有問題都歸罪於他人的理念，堅守和擁護諸如此類的理念——比如民族主義、宗教或政治教導——會帶給你短暫的充實感，使你覺得自己的所作所為非常有意義，但卻永遠不會帶給你真正連結所能帶給你的喜悅。你的內在感到空虛，缺少可以真正感受到的生命意義，**如果缺乏與自己的真正連結，與他人的關係也只是表面上的**，甚至有可能充滿敵意。此處隱伏著暴力的種子，針對他人，以及針對自然的暴力。

缺乏真正的連結，這是暴力與攻擊性的背後原因，在此意義上，個人層面與集體層面息息相關。無論是對於女性個體，還是對於人類整體的發展與進步，療癒女性創傷都是至關重要的。女性的「連結天賦」應該重新得到尊重，並且有意識地運用。

問：缺乏連結，是否起因於長久以來一直主導人類歷史片面的男性能量？

有一種以「恐懼」為出發點來運作、渴求權力的男性能量，是它壓抑了女性能量，無論在男性或女性之內都如此。然而，這一片面的男性能量既是「缺乏連結」的因，又是它的果，這背後有著更深層次的原因。事實上，在「缺乏連結」與「男性主導」的混合模式之後，隱藏著一個「恐懼的自我」，「自我」感覺自己與整體是分離的，覺得自己沒有得到愛與保護。在人類歷史的某一時刻，「恐懼的自我」進入了人類社會，開始逐漸地主導整個人類，它彰顯為專制的男性能量，不僅抵禦女性能量，也同樣抵禦成熟的、充滿愛的男性能量。不過，「恐懼的自我」並不一定只限於男性，它更是一種滲透整個人類，對男性與女性都造成毀滅性影響的能量流。

無論男性能量還是女性能量，都可以在兩個不同的層面上運作：一、**自我的層面**，**恐懼為驅動力**；二、**心靈的層面**，**愛為驅動力**。

在自我的層面上，男性能量缺乏感受，帶有強制性與攻擊性；女性能量則充滿無力感、不自由且帶有操縱性。女性能量並不一定總是基於心靈、善於連接且充滿愛的，也可能會富於恐懼、抗爭與憤恨的色彩，基於自我的女性能量往往彰顯為占有欲、嫉妒、怨恨與操縱性。如果男性能量與女性能量均在自我的層面上運作，雙方之間就會常常出現抗爭與不理解，兩者之間不僅不會互助互補，反而會對彼此充滿敵意；若兩者皆運作於心靈的層面，男性能量會自然而然地成為女性能量的庇護者，以及富於創造性的夥伴。

問：你的意思是，人類歷史上的暴力行為並不能歸因於男性能量，而是關乎所有人，也包括女性之內的「恐懼的自我」？

是的，確實是如此。**「恐懼」是兩性抗爭的根源，也是不平衡的男性能量的根源**，此能量在諸多生命領域中都占據著主導地位。恐懼是普遍存在的「缺乏連結」與「封閉之心」的源動力，男性與女性之內都有恐懼，男性的內在恐懼往往彰顯為**爭鬥與衝突**，女性則是**無力感**與**缺乏自尊**。上述兩種狀況都是頻率較低的狀態，難以建立與自己、與他人的真正連結，難以接收來自靈魂的靈感與啟迪。

問：這是不是說，認為「男性是施行暴力、展現攻擊性的人，女性乃是受害者」是不對的？

並非如此黑白分明。往往，男性掌握著權力，女性被排斥在公共與政治領域之外，因此，就這一意義而言，女性明顯是受壓制的群體，在某些社會中，至今依然如此。然而，在內在層面上，無論男性還是女性都在低頻男性能量的統治下備受折磨，許多敏感的男性覺得自己並不符合那單調、單一的傳統男性形象，比如藝術家、音樂家與詩人，或者男同性戀者，還有那些若干世紀以來為了他人的利益，在戰場上浴血奮戰的無以計數的男人，許多青年男子在生命剛綻放的時期，便在戰場上遭受了不可思議的痛苦與折磨，他們也是歷史長河中的受害者，並無異於那些遭受性暴力、在公共領域被噤聲的女性。

問：也就是說，在曾經統治我們的傳統體系中，無論男性還是女性，心之能量都遭到了壓制？

是的。而你們這一時期所面臨的挑戰是，將這兩種能量都轉化為心之能量，僅僅宣稱「男性能量掌權已久，現在該女性能量獲得同等權力了」有些過於簡單，這依然是站在自我層面（權力，抗爭）上說話。事實是，不成熟、受趨於恐懼的男性能量曾經掌握了權力，並為男性和女性帶來了創傷，對女性而言，此創傷主要位於**腹部**及**較低的幾個脈輪**。也就是說，許多女性的基本糾結在於**自我價值**、**占據屬於自己的一席之地**，以及**為自己挺身而出**；而泛泛而言，男性的創傷則發生在心靈層面。男性感到難以敞開心靈、擁抱自身的情緒與感受，面對自身的脆弱與不確定感使他們感到不安，也因此，他們傾向於透過頭腦，藉由心智來左右與監管人生；然而，緊閉心扉會導致情感上的冷酷與孤離，以及喜悅和靈感的缺失。無論是男性還是女性，都需要療癒來自過去的創傷。

若要療癒女性在情緒與感受層面上的創傷，就必須重新瞭解男性能量的真正內涵，從而將男性能量看作是支持自己、賦予自己力量的能量，如此這般，她們能夠啟動自己內在那高頻的、基於心靈的男性能量，這會療癒她們腹部的創傷。男性則與此相反，為了療癒自身的心靈創傷，就必須為女性能量重樹溫柔、充滿愛的形象，並於自己的內在看到這一高頻能量。換言之，**無論男性還是女性，只有重新認知男性與女性能量，才能夠獲得真正的療癒**。

問：之後我會重新提起兩者的區別，現在你能不能大概總結一下這本書的主要內容？

這本書中，我想討論女性如何療癒自己的內在創傷，如何喚醒內在的「被禁錮的女性」，我想讓她們看到，**如何調諧內在的男性與女性能量，從而提高自我價值感，改善與他人的關係**。此外，我還想說明的是，女性的自我療癒之路往往不同於男性，男性的創傷與女性不一樣，我會探討「被禁錮的男性」，以及他們如何才能獲得療癒。我最高的目標則在於，將明晰的訊息帶給那些追求內在的成長、基於心靈的意識覺知及與他人之喜悅連結的男性與女性，他們是新時代的先鋒。

第二章　受傷的女性

問：我開始接收你帶來的訊息時，你最先討論的就是女性的「腹部創傷」。你為我們大致描述了女性的能量場，並指出許多女性都沒有足夠地「安駐腹部」，感到難以運用自身的力量。許多關注靈性與內在成長的女性往往更傾向於打開更高的幾個脈輪，由此而變得更加敏感，更具同理心。然而，你認為，如果腹部有「空洞」的話，這樣做會導致失衡與「過度給予」，該「空洞」意味著缺乏堅實的根基，尚未做到腳踏實地地生活，無法全然地與自己同在。你能進一步解釋一下嗎？

我透過你帶給大家的訊息，其受眾主要是那些關注內在療癒之路的女性，那些對內在成長與內在啟迪感興趣、想要解除舊有重負的女性。她們都是哪些人呢？她們有如下的特點：

- 她們**正在經歷從自我到心靈的意識轉變**，她們不想繼續在恐懼的驅動下生活，不想繼續強迫自己去迎合社會。做抉擇時，她們想要依循內在的指南針——內心的聲音，而與此同時，因著內心深處對自身智慧與力量的懷疑與不確定，她們又感到矛盾不已。

- 她們**對「感受」有深刻的體驗**，她們敞開了心靈，藉由**熱忱**與**靈感**來探索人生的意義。她們對靈魂之次元，對超越其地球人格的能量持開放的態度。她們充滿了靈性。
- 她們當中許多人天生**直覺很強**，具有超感知能力，以及**強烈的同理心**。她們藉由形形色色的方式感受到，自己想要幫助或輔導他人，想要擊破舊有僵化的思維與感受方式。
- 她們所不得不面對的恐懼、懷疑及某一深刻的能量創傷，與靈魂所經受的創傷有關，她們**有過向他人展示自己的真實本質，並因此而被粗暴拒絕的體驗**。「被拒」不僅對她們個人產生了深重的影響，也嚴重地影響了她們內在的某些女性品質。她們中的許多人在前世中曾運用自己所擁有的直覺天賦，卻因此而受到審判，被判為「女巫」，或者被認定為「怪異」甚至「精神不正常」之人。此外，在與男性的關係中，女性若表現得過於強大與熱情，也是不受歡迎的，這些女性與既有體系總有些不合拍，很容易就被看作是「野性」與「難對付」的，並因此而遭到評判。依循自己的意願而行，具有獨創性，這樣的人得不到欣賞，女性更是如此。另外，在「性」方面上所遭受的屈辱與被剝奪的力量也在她們——以及所有女性——之內造成了痛苦與無力感。所有這一切導致了她們腹部的創傷。

- 這一創傷所表現的症狀有：**不夠接地、缺乏力量與獨立性、容易感受到他人的感受、容易與周遭能量融混在一起、容易退回較高的幾個脈輪**，以及**感到難以設定界線、為自己挺身而出**。許多高度敏感的女性對較高的心靈能量——愛、寬容、和諧與合一感——感到自在，卻往往以犧牲自己為代價，為了回避衝突，她們忽略或遮罩了自身那些非常人性的需求與界線，她們往往**施受不平衡**，在關係與工作中施遠大於受。一個人若不能堅定地立足於自己的中心——腹部中心，就無法很好地接受自己所需要的一切。這些女性的意識覺知中缺乏堅實的錨，她們雖擁有許多天賦與才能，卻**長期缺乏自愛**。此**創傷的核心在於——她們相信本然的自己並不值得被愛、被尊重**。

問：是不是說，這些女性就是約書亞所描述的光之工作者？他說有一群靈魂於內在做出了不再受縛於自我，而是依心而行的決定，這一過程由許多步驟組成，且可能需要輪迴多次來達成。他列舉了這些靈魂的一些特徵，比如想要改變地球實相的集體意識、感覺自己與眾不同且高度敏感等。這些女性——你這本書的受眾，是否也是這樣的光之工作者？

是的。確實是那些有意識地進行從自我到心靈之轉變的女性，這正是我對「成為光之工作者」的定義。**一旦你開始聆聽內心的聲音，依心而行，為偉大整體付出自己一臂之力的願望就會隨之而生。**你想與他人分享自己的內在之光，隨著與自身靈魂之連結不斷加深，你自然會成為一個光之工作者。從這一角度而言，這並不是對某一特定人群的特別召喚，每一個渴望踏上內在之路——自我探索與覺醒的內在之路——的人，隨著時間的推移，都會成為光之工作者：想要為改變地球集體意識做出一份貢獻的人。

問：你的意思是，女性光之工作者所面對的某一具體問題，亦即腹部的空洞，或者說是創傷，並不為男性光之工作者所瞭解？

男性光之工作者在「做自己，敢於自由地依心而行」方面也有遇到困難，不過泛泛而言，他們的問題並不同於女性，以後我會詳細討論這一點（見第一部第七章）。此外，一些男性光之工作者也在自己身上看到了女性創傷的「症狀」，不要忘了，你們所有人都是男性能量與女性能量的混合體，而且也曾經以兩種不同的性別分別體驗過生命。女性能量很強的男性可能會在前面的描述中看到自己，而男性能量很強的女性則更容易在男性光之工作者所遇到的問題中看到自己。

問：在你剛剛的描述中，我明顯地看到了自己。剛開始進行通靈傳導與解讀生命能量場時，我感覺自己就是一個「被壓制的女性」，我在大學研讀多年，並獲取了博士學位，當我決定放棄理論哲學，轉而關注自己的靈性與趣與直覺天賦時，就在很大程度上偏離了既有軌道。後來，當我開始走入公眾視線時，諸多舊有恐懼紛紛浮出水面，我害怕受到嘲笑與粗暴的拒絕，也非常不情願將自己置於如此脆弱、易受傷害的情境。

此外，在助人方面，我費了很大的力氣才學會設定界線，剛起步的時候，我尤其害怕遭到批評與拒絕，不過事實恰恰相反，許多人都感到我所傳導的訊息深深地觸動了自己。而我面對湧來的各種求助及其背後的情緒傷痛，卻根本不知道該如何保護自己，如何設定界線。我對自己的需求缺乏明確的認知，特別是，我並未認識到尊重與關照自己的需求，在內心不情願時敢於說不，這本沒有什麼不好的。這最終導致了一次深度的危機，我身陷憂鬱，甚至精神失常。從中走出來後，我首次感受到自己的內在之錨（或者說內在根基）正在逐漸形成，此根基中含有一種堅定與果斷：這就是我，我不想再扮演並非自己的那個人，不斷地猜測與迎合他人對我的期望與看法，這

使我身心俱疲，我再也不想為自己解釋、辯護或者證明什麼。那種基本的自我接納終於出現了：這就是我，是否接受，隨你的便。

許多女性也正在經歷著你所經歷的過程，她們踏上了**內在成長與覺醒**的道路，也因此與靈魂建立起越來越深的連結。與此同時，她們對於走出來，偏離主流軌道的恐懼也會浮出水面。靈魂是她們最真實的一部分，它呼籲她們不再受縛於那些相悖於自身願望與使命的期望與要求，你的靈魂呼喚你以自己獨有的方式閃耀自身之光。聽到了這一呼喚，就往往意味著要對所有阻礙你真正做自己的人事物說「不」，對你而言，這意味著，你三十歲時告別了學術生涯，進入一個全新的領域，你並不肯定自己能否在這一領域有所建樹，或者創造一定的收入，這可謂是臨淵一躍，你對不再充實自己的東西說「不」，並脫離了既定的軌道。

最初，這導致了混亂與不確定的狀態，你不斷地嘗試各種各樣的工作，與此同時也潛心探索靈性與神祕學。**在世人眼中，你已經走偏，但從靈魂的角度來看，你則是在目標明確地行動**。

問：我確實有過一些經歷，比如一段關係的失敗，這讓我體驗到那種刻骨銘心的

感受，我也由此非常清楚地知道，自己並不想繼續留在學術界。這對我來說並不是什麼艱難的決定，因為在理論哲學領域度過了十年的光陰，我已經厭倦了那些無聊的廢話，不過，我還是完成了博士論文，但毫不猶豫地放棄了在大學繼續進行學術研究；儘管，如果我願意，是可以留下來的。

那時，因著那段關係的失敗，你於內在層面上，正站在深淵的邊緣，構成這一深淵的是痛苦、孤獨與深度的被遺棄感。你任自己跌入深淵，體驗到蝕骨之痛，幾個月後你發現，自己其實遠大於這一痛苦。也是在那時，你體驗到，**有一種意識覺知，它可以沒有任何評判地靜觀這一痛苦**，你內在某一更大的意識覺知開始漸漸蘇醒，督促你深入地探索靈性，那時，你首次開始閱讀通靈訊息，並深受觸動。深淵的底部蟄居著你對於「**為人生賦予意義**」的強烈需求，理論哲學並無法填補此空虛，你開始如饑似渴地尋求知識，以及具有實際意義且能夠觸動你的智慧。由此，你踏上了靈性之路。

問：也就是說，因著「失去」之體驗。

是的。**「失去」之體驗使得你走近自己**，使你對人生的看法發生了轉變，你開始逐漸依循內心的願望而行，**對那些不適合自己的東西說「不」**。這可謂是一種重生，**每個踏上內在之路的人都會體驗到「失去」**。若想將與靈魂的連結彰顯於日常生活中，你必須先從「虛假的自我」中解放出來，可以說這是一個破繭而出的過程。

問：這也適用於男性吧？

當然。就你的成長之路而言，典型的女性特性是，你**較容易在關係中失去自己，並有一種失去對方就無法活的感覺**，你的腹部之錨鬆動不穩，你對我所謂的「浪漫的愚蠢」比較易感，此處我的意思是，天真地希望甚至渴望能夠與理想愛人融在一起，全然地合二為一，卻沒有意識到，**你們雙方都是獨立的個體，都有自己獨特的人生之路**。此種對融合的渴望與「捨棄自己」是密切相關、形影相隨的，渴望界線融化，從而能夠重獲那原始的合一感，這其實是一種幼稚的渴望。

問：這種渴望是不是典型的女性特質？

有些男性也有這種渴望，不過就天性而言，男性能量較為關注自己與他人之間的

「區別」。如果你與自身的男性能量有著較好的連結，就會明確地意識到自己與他人之間的界線，並且不會對這些界線感到不自在。男性較難「捨棄」界線，也較難臣服於自身的女性能量，因此，相對而言，**男性比較害怕進入親密關係，而女性則比較害怕被遺棄**。不過，這只是大致的趨勢，每個人都有自己獨特的色彩。對你來說，**你渴望獲得一種超越人際界線的「絕對連結」，這在某種意義上會使你付出巨大的代價，因為這使你無法進入平等、人性的親密關係**。

問：就是說我缺乏男性能量？

是的，選擇了靈魂之路後，你開始接納與擁抱自身的個人性，並逐漸開始認識到，如若你放棄了自己的個性、不為自己挺身而出，對融合的渴望就帶有一定的毀滅性。當你開始看到自身之男性能量的重要性，以及因著在工作上沒有足夠地設定界線而遭遇嚴重危機之後，你開始意識到，必須要全然地支持與擁抱自身的個體性。你唯一的選擇是，**做自己，堅定地做自己**，就在此時此刻，**自我接納**為你創造了腹部之錨，而這正是你所需要的。

問：我想，我以前之所以不願放棄對（親密關係上的）融合的渴望，是因為我以為取而代之的將是孤獨與無意義。現在我才意識到，作為一個獨立、獨特的個體是好事，接納了這一點反而會獲得內心的寧靜，並體驗到與更大整體之間的神祕連結。這種合一體驗，其特徵往往是驚奇及輕盈柔和的愉悅感，而非「浪漫的愚蠢」所帶來的那種激烈狂熱、令人著迷的感受。

兩者之間有著很大的區別。如果你的腹部之錨堅實穩固，所謂的合一體驗就是：你感到「與自己同在」和「與一切萬有連接在一起」其實是一樣的。你與偉大整體之間的區別業已不再，這使你感到寧靜與喜悅。其實這才是你所尋求的「連結」，這一連結不會使你偏離自己，也不會讓你違背或忽略自身的需求。這一連結為你的人生帶來意義與充實，即便你並沒有與他人在一起，也不會感到孤獨。概況地說，對於女性而言，**回歸自己、與自己同在是與自己的靈魂建立連結的關鍵之鑰**。為自己創造空間，不再在關係中過度地縛住（甚至失去）自己，這是典型的女性任務。

問：嗯，我明白。再回頭看一下你之前提到的女性創傷，概括地說，就是缺乏自我意識，缺乏力量、獨立性與自我價值感。這是因為女性能量在過去所受到的威脅與壓

制，使得她們在關係中過度地給予，甚至失去自己。

我還想補充一點，女性創傷也可能會導致關係中帶有**操縱性**與**索取性**的行為，一旦你依賴男性伴侶來帶給你良好的感覺，就會想要以某種方式將其拴在自己身邊。**「與對方連結」「為對方付出」**兩者之後皆隱藏著其他的意圖，**「不要離開我」**及**「你要隨時陪伴我」**皆是背後的動機，甚至是頗具強迫性的要求，這展示了女性能量的陰影面向。

如果一位女性認同自己的能量創傷，並在某種程度上沉沒其中，不負起照顧自己、療癒自己的責任，就會出現這種情況。在後續章節中我會繼續討論這一問題，因為**對於女性來說，認知自身的陰影面向是至關重要的**。不過，首先我想先討論一下兩種不同的男性能量，一是，以自我為出發點，注重於掌控及統禦的男性能量；另一種則是基於心靈，強而有力、充滿愛、富於創造性的男性能量。明確地描述與認知這一能量具有根本的重要性，無論對於女性還是男性都如此。

第三章 男性心靈能量

問：如何描述基於心靈的男性能量？高頻、成熟的男性能量又是什麼樣子？

究本質而言，男性能量是外向型的，關注於外在的顯化，其運動方向是自內而外的。在顯化過程中，男性能量能夠展示其力量，這是讓他人看到自己，進入大眾視線，從暗處走向光明的力量。這是臨淵一躍，正如胎兒從子宮的保護中脫離而出，此顯化行動需要勇氣、膽量與冒險精神。跟隨自身之男性能量的你，孤身前行，你放下了業已熟悉與信賴的既有保護，自由地去創造或發現新事物。追求自由、為自己拓寬道路、脫穎而出、創新……這是男性能量的特性；抵抗既有秩序、叛逆、不俯首貼耳……這些都是創新與脫離舊有能量所需要的品質。男性能量中蘊藏著擴展的衝動，以及探索邊界並衝出邊界的願望，自由精神、好奇與無畏都是男性能量的天性。

男性能量是所有創造過程中不可或缺的一個面向，代表內在世界的女性能量，則會為男性能量帶來靈感與啟迪。比如一位畫家（畫家既可能是男性也可能是女性，不過此處我們以男性畫家為例），他在大自然中靜靜地散步，體驗著林中的純淨與和諧，抑或任身邊人的音容笑貌浮現在自己的腦海中，深刻地感受其面容與身形；這便是他內在的女性能量，此能量具有同理心，能夠透過外表看入內在，與一切生命體的內在本質建立連結。

林中的體驗與感受為畫家帶來了靈感，他舉起畫筆，此時，他從敞開、吸收的敏銳狀態進入了專注、目標明確的向外運動狀態。聚斂於內在的東西此時要彰顯出來，彰顯為獨特的形式，屬於他的形式。內在的創造力凝聚在一起，他將自己的內在結晶釋放出來，藉由表達與彰顯自己，他作為一個獨立的個體越眾而出。而與此同時，他也展示出一種超越自己，比自己更大的東西，亦即優秀藝術品所展現出來的宇宙性或整體人性。藝術家們透過自己創作的藝術品將自己與人類整體連接在一起，並同時展現出自己的個體性，在創造的過程中，男性能量與女性能量自始至終都在合作與共舞。

每一項創造都要求兩性能量之間的緊密合作，如果男性能量過於位居主導，創造會變得「沒有靈魂」，不會喚起人們內心的感動、情感或愛，消費商品的大批量產就是一個例子；而如果女性能量過於位居主導，創造則難以完全獲得實現，它往往滯留在夢想或願望階段，或者一直處於模糊、不明顯、無法躍然而出的狀態。對於任何一個創造過程而言，兩性能量都是不可或缺的，也因此，在每個人之內，兩性能量的平衡都是至關重要的。

如今，在一些靈性進步團體中，男性能量彷彿成了一種禁忌，它在過去曾以頗具攻擊性的方式施展影響，一種充滿壓制性的、對女性不友好的暴力方式，此歷史痕跡遠未消除。時至今日，這一與女性能量嚴重脫節的男性能量依然在展現自己，恐怖行為就是這一能量的極端表現。此外，金融界的一些不良現象也顯示出一種日漸疏離的、極度孤獨的男性能量，它與生命和感受皆失去了連結，儘管如此，在某一更深的層面上，轉變正在發生，人們的觀念也正在發生改變。在人們眼中，那種一切皆在掌控之中的「強勢男人形象」變得越來越不真實，彷彿這只是掩蓋內在貧乏的一副面具。當今文化中，在年輕一代的影響下，這一平面、冷血的男性形象不再被人青睞，另一男性形象則逐漸變得清晰，敏感與同理心是這一形象的重要特質。不過，人們對於男子氣概的內涵暫時還是充滿了迷惑與誤解。

人們開始對男性能量產生質疑，尤其是關注連結、交融與調和的靈性圈。男性能量往往與「主宰」「攻擊」「服從」聯繫在一起，當代社會中，這一舊有的男性能量不再受到青睞，甚至在較為「堅硬」的領域，比如商業企業與醫療界，人們也開始宣揚與提倡平等、同理心及扁平化管理等較柔和的品質，權威與等級制度不得不讓位於合作與充滿尊重的溝通。

毋庸置疑，此發展是積極正向的，會導致兩性之間的日益平衡，不過，在某些領域也存在著走向另一個極端的危險，亦即高估女性能量，相對貶低男性能量。行動力、設定界線及展現自己的不同，這些品質幾乎被貼上「內在攻擊性」的標籤，然而，恰恰對於那些女性能量得到充分發展、心靈敞開的人而言，有意識地運用自身男性能量更是不可或缺的。

頗具悖論的是，這一時期，在人們眼中，女性能量對於所有的過程，比如關係、合作與創造等，都越來越重要，越來越有價值；然而，只有在與成熟、平衡的男性能量建立連結的情況下，女性能量才能夠真正地彰顯出新的合作形式與生活方式。女性能量專注於連結、同理心及開放的溝通，具有「合一感」這一更高頻的振動。合一感的意思是，了知我們大家都是一體的，因為我們都來自於同一個源頭，在這個不和諧、充滿憤恨且缺乏寬容的世界中，這一能量倍受歡迎。然而，這一基於心靈的女性能量，在一個「缺乏成熟的，很自然地補充它，使它變得完整的男性能量」的社會中，是難以盛放的。不僅如此，女性能量也無法在一個僅僅關注同理心與連結，卻壓抑或拒絕自身之男性能量的個體中全然地綻放。

僅僅透過基於心靈的女性能量來彰顯自己，與此同時否認或壓制自身的男性能量，這樣做又會怎樣呢？你會失去自己，男性能量助你立足於自己的內在中心，成為一個有界線的「我」，你不僅與他人連接，也能夠放下對方，接納與擁抱自身的個體性與「獨自性」。在女性能量過於占主導的關係中，你會過於傾向於合一與融合，男性能量會使你認識到，你本身就是一個合一的整體，這對你與他人的關係大有裨益，能夠互相充實、互相豐盛的關係正介於做自己（男性能量）和超越自己（女性能量）之間。

為什麼高度敏感如今獲得了如此多的關注？越來越多的人因高度敏感而頗感煩惱，許多兒童也因高度敏感及缺乏能量界線而表現出種種失衡的行為。這些人的女性能量得到了很好的發展——**心輪已敞開——不過卻未真正地運用自身的男性能量說「不」，並保護自己的能力**。為什麼呢？男性能量在某些人眼中成了禁忌。採取有力的措施，為自己挺身而出被看作是「負面的」。人們並不太瞭解真正的男性能量到底是什麼，又該如何以平衡、成熟的方式運用這一能量。

成熟、基於心靈的男性能量與女性能量有著全然的連結。男性能量所代表的是每個人、每個生物都有的，那積極主動、向外彰顯自己的面向，這是每一項創造都必不可少的面向，也是對女性能量之易感面向——向內且充滿同理心——的自然補充。男性能量與女性能量是完全平等的，兩者共同組成一個完整的整體，女性能量並不比男性能量弱，男性能量也不一定就是基於自我的。受造界中存在著兩種不同的運動：走向合一的運動（超越自己的個體性）與走向多樣性的運動（全然地接納與彰顯自己的個體性），兩者都是好的，有價值的。在通往合一的運動中，我們能夠體驗與他人之間的連結，以及由此而獲得的喜悅；在通往個體性的運動中，我們能夠體驗自己的個性，以及由此而來的創造性。在靈性圈中，通往合一的運動往往被看作是唯一有價值的運動，且大受歡迎；可是，在通往個體性的男性運動背後，蘊藏著不可思議的力量、深化與豐盛：它是創造的驅動力。

擁抱並運用基於心靈的男性能量是至關重要的，對於那些心輪敞開、高度敏感、關注靈性內在成長的女性更是如此。許多女性心中依然存在著對男性能量的舊有敵意，有關性虐待、侮辱及遭受不平等對待的記憶依然深埋在她們心中，這些記憶既可能來自今生，也可能來自前世，它們不僅存在於你們之內，也存在於女性集體意識中，持續不斷地影響著每一個人。這些記憶與傷疤使得你不信任男性與男性能量，就彷彿你心中默默地認為，如果你對男性能量敞開自己，展示自己的脆弱，就會遭遇「信任被辜負」的情形。因為不想舊傷再添新痕，你將自己的一部分封閉起來，這就是你的腹部，許多女性都不再「居於腹部」，因為她們早已從那裡撤離。

不信任男性能量，並與之隔絕，這樣做所導致的後果是，你不僅對與男性的關係感到失望，也對與自己的關係感到失望，**若不與自己內在的男性能量合作共舞，你會**

壓抑自身的力量。你否認創造及你之於靈魂的一個重要面向，這使你變得不完整，容易受傷，且對與男性之間的不平衡關係比較敏感，你所吸引來的親密關係也會映射出你與男性能量之間的關係：往往存在著強烈的吸引與排斥之間的動盪轉換，缺乏安全感。

對於女性來說，運用自身的力量意味著擁抱自己的個體性、保護自己的心靈能量、平衡地施與受。已經療癒的女性是擁有自我覺知、獨立的女性，她能夠去愛，而且不否定自己，她在與伴侶、子女、朋友或同事的關係中，享受愛與連結，與此同時，她也在與自己的關係中，在發展自身之獨特天賦及才能的過程中，在接納豐盛、創造自己人生的過程中，發自內心地享受。**一個擁有自我覺知的女性不會不信任男性能量，她知道這也是自己的一部分，且會運用這一能量，她也因此不會在情感上依賴自己的男性伴侶**。她是一位女性，與此同時，也是一個靈魂，靈魂既擁有男性能量，也擁有女性能量。作為靈魂，你們既有過男性的肉身，也有過女性的肉身，藉由與靈魂建立連結，你會知曉，你遠大於「女性」或「男性」之肉身身分，並能夠做出抉擇，帶著力量與自我覺知投入「此生為女」的人生遊戲。

第四章　女性能量的陰影面

問：男性能量與女性能量，兩者皆具有基於自我及基於心靈的形式。我們已經討論比較過充滿壓制與攻擊性的男性能量，以及與充滿愛、基於心靈的男性能量，兩者之間有著明顯的區別；可是，就女性能量而言，我們只是討論了同理心、敏感性、連結性及合一意識等品質，這是基於心靈的女性能量，那麼，女性能量的陰影面，基於自我的女性能量又是什麼樣的呢？

以「恐懼的自我」為出發點來彰顯自己，在這一點上，女性能量並無異於男性能量。男性能量的陰影面向已深為人們熟知，不僅如此，人們可能會因此而形成一種印象，亦即，女性能量僅僅是受害者，它主要代表著光明的品質。然而，正如男性能量並不一定就是強硬、充滿鬥爭性且注重掌控的，女性能量也不一定只等同於愛、敏感和同理心，反而也存在著基於恐懼與占有欲的形式。

女性能量對男性施展權力的主要方式是，試圖占有男性的能量，**在精神上缺乏自我**

覺知與自我價值的女性，渴望擁有一個能為自己提供生命能量的男性伴侶，她之內有一個空洞，一種不斷喚醒其內在恐懼的軟弱與被動性，她想要用充滿力量、生命活力與創造性的能量來填補此空洞。她感覺自己需要一位男性來變得完整，事實上，依靠自己的力量成為一個完整的「我」，一個獨立、自由、富於創造性的個體，這本是她的內在使命；然而，與此同時，她卻害怕想要誕生於內在的巨大力量，因為，如若任其誕生，她必須先於內在剪斷更大的整體，與「宇宙子宮」——她覺得自己曾生活在其溫暖的呵護之中——相連的「臍帶」；可是，她（暫時還）不想這樣做。

讓我解釋一下**「宇宙子宮」**這個表達方式。子宮代表著全然的安全感與無界線，這種狀態有其物質性的一面，就在你呱呱墜地之前；除此以外，還存在著「宇宙子宮」，你的靈魂正來自於它。當你作為靈魂個體被創造出來時，你脫離了一個整體，一座溫床，你曾經與它融合在一起，理所當然地享受它溫暖的懷抱。作為獨立的靈魂個體出生之時，你便經受了這一原始的創傷，你的男性面向正是你內在富於冒險精神、勇於向前並促成出生的那一部分，它想要體驗與探索「個體性」；你的女性面向則是你內在努力保持與一切萬有、與源頭連結的那一部分。它感到難以放下這一切，你作為靈魂所經歷的宇宙初生之痛主要依附在女性面向上，如今它彰顯為歸家的渴望、揚升的需求，以及對融入某一更大整體的渴求。男性能量更加以自我為中心，更能接受與源頭的分離；分離本身就是一段極具價值的旅程，它有助於靈魂的成長，在這一過程中，他們能夠拓展邊界，體驗自由。

在靈魂的整個旅途中，兩性能量的貢獻是同等重要的。追求自由與個體性的男性能量及追求揚升與合一的女性能量這兩極，使得宇宙的創造成為可能，兩者缺一不可。如果它們能夠處於平衡狀態，人生便是一場「一體性」與「個人性」的靈性共舞，是「安全感」與「冒險性」的完美結合。不過，事實是，女性能量因宇宙初生之痛而受到創傷，男性能量則在「以自我為中心的分離之旅」中走得過遠，失去了與源頭的連結，男性能量與女性能量彼此疏離，而且為後來播下了兩性爭戰的種子。

此處，我討論的是作為「原型」的女性能量與男性能量。作為靈魂，你們同時擁有這兩種能量，就是說，既是「男性」又是「女性」，你們既擁有創造性的、關注自我的男性能量，又擁有連線性的、關注合一的女性能量。不過，如果你輪迴為男性，就更容易對男性能量感到熟悉與自然；而如果你是一位女性，便更容易把女性能量當作自己的出發點。然而，在核心層面上，你於自己的內在及與異性的關係中所體驗到的，正是兩性能量的疏離及兩者之間的爭鬥。在漫長的發展歷史中，你並不僅僅代表其中的一種極性，兩者皆在你之內。

問：你提到靈魂個體出生時經歷了宇宙初生之痛，這是發生在過去，還是每一個靈魂個體出生之時，都會重複地出現？

它會一直重複地出現，直到成人靈魂在注重合一的女性能量和注重多樣性的男性能量之間建立起平衡與和諧。一旦大多數成人靈魂於內在建立起這一平衡，新的「原型」就會出現，男性能量與女性能量也能夠在更多的個體之內，以更加和諧的方式運作，這樣才能夠減弱並消除初生之痛。這是一場運動，是大規模集體能量的進步，兩性能量向心靈層面的轉化，是宏大的宇宙進程，僅僅透過一兩次人生體驗是無法理解這一點的。

問：兩性能量之間的抗爭有著非常悠久的歷史？甚至和「創造」一樣久遠？

其實，用「始」和「終」這樣的詞彙來談論「創造」是不恰當的。上帝，源頭，是無始無終的，時間與空間皆是幻相，就是說，為了適應你們的線性思維，我的描述其實已經非常簡單化了。

問：靈魂是永恆的嗎？是否有始終？靈魂出生後，也會死亡嗎？還是永恆地存在？

看看你自己，成人的你，看看你在生命中日益形成的性格，以及日積月累的經驗。現在的你在嬰兒時期便已存在了嗎？你對此的回答是什麼呢？「不，還不存在」，抑或「是的，已經作為潛能或可能性存在於嬰兒之中」？

關於自己的靈魂，你也可以提出同樣的問題。我所描述的「靈魂出生」給人一種感覺，彷彿有一個「明確的個體」誕生，然而事實上，這一「出生」——是的，每一次「出生」——乃是某一潛能的覺醒，某一可能性的萌芽。這一潛能與可能性在出生前便已存在，正如你的成人人格已經蘊藏在你曾是的嬰兒之內一樣。從更大的宇宙視角來看，出生與死亡是帶來動態變化與成長的連續流動，你一次次地出生，以形形色色的形式，並且在眾多不同的意識層面上。貫穿所有動態變化的是永恆不變的一切萬有，源頭，你就是源頭，從未與其分離，也就是說，你之內擁有一股永恆的、超越生死的能量。儘管如此，我還是討論了靈魂的出生，因為這是你——作為源頭的一個意識粒子的你——成長之路上的一個里程碑。「靈魂的出生」代表一朵意識火花出現的那一刻，它開始覺察到自己的存在，想要探索與認知自己。一切萬有「一分為二」，而與此同時卻依然保持著「一」的狀態。存在之神祕亦蘊含其中：任何時候都有永恆不變的存在，任何時候都有正在變化的存在。

不過，我並不想過於抽象地描述這一切，而是希望能夠儘量詳細具體地討論你們作為人類所經歷的內在覺醒之路。我們主要關注改變、成長與進步，那麼，自然而然地就要涉及到時間，這樣的話，就確實可以說兩性能量之間的抗爭或疏遠已有悠久的歷史。這屬於靈魂成長的初始階段，此時，靈魂尚站在覺醒、成長與戰勝恐懼的漫長旅程的開端。

問：靈魂的宇宙初生之痛為女性能量造成了創傷，是不是說，因個體性的誕生及與一切萬有的分離，她感覺自己被剝奪了力量？並因此而產生了「不完整」及「需要男性能量」的感覺？此外，想要操縱與占有男性能量的、基於自我的女性能量也因此而產生？換言之，較低頻的女性能量形式是如何產生的呢？

以母性能量為例。最初，母親將自己的孩子攏於體內，用自己的身體來滋育孩子。懷孕期間，母親與孩子之間存在著一種「二體合一」的關係，隨著孩子的成長與發展，他變得越來越獨立，自身的個體性也逐漸形成，物理上的出生標誌著「明確的分離」：母親與孩子的身體彼此獨立地存在。臍帶被剪斷，接下來的時間，在身體與情感層面上，孩子依然非常依賴母親；不過漸漸地，孩子越來越獨立，進入青春期後，他也開始在精神與情感層面上體驗作為一個獨立的個體，一個獨特的人是怎樣的，此時，與母親的分離差不多就徹底完成了。

隨著孩子的成長，母親也完成了一個內在的過程。她曾與孩子有著緊密強烈的連結，在孩子最脆弱的時候，她為孩子提供了安全感與呵護；然而，她最終還是要放手，給予孩子自由，將其看作是一個獨立、獨特的生命體。**如果母親能夠放手的話，她對孩子的愛也會在性質上發生轉化**，其身體性與物質性逐漸減少，靈魂對靈魂的愛則日益增加。

有些母親不肯放手，她們還是將已經成人的子女當作小孩子，難以放下其「照顧者」與「看護人」的身分；一方面，（已經成人的）子女往往因此而感到受傷或羞辱，他們覺得，自己本已是獨一無二的生命體，母親卻對此視而不見。雙方沒有靈魂與靈魂之間的溝通與連結，因為無法放手自己的孩子，母親也難以看到與瞭解孩子那獨一無二的靈魂，這種情況下，母愛對孩子來說，就變得極具束縛性，令人窒息。

另一方面，母親則抱有強烈的占有欲，孩子年幼時，她曾是孩子的世界中心，如今她依然對此緊抓不放，她愛上了這一角色，並不想放棄它。曾經的美好心願與行動，亦即願意呵護脆弱且依賴自己的人，如今化作了施展權力的行為。她想將孩子與自己緊緊地綁在一起，不允許自己的孩子變得自由與獨立，孩子必須按照她的意願行事、對她言聽計從、對她的照顧感恩戴德。這種形式的「權力施展」既可能以非常專制的形式進行，也可能以更加隱微、幾近卑微的形式進行，如果孩子沒有滿足其期待或願望，她可能會表現出委屈、傷心或失望的樣子，她會扮演受害者的角色，而且自己也對此深信不疑。專制的形式也好，被動攻擊性的形式也罷，這都是在**施展權力**，隱藏其後的則是**不肯對孩子放手，不肯接受自己需要內在成長**這一事實。

這是基於恐懼且缺乏洞見的女性能量施展權力的一個典型形式，親密關係中也可能會出現這種情況。女性在與伴侶的關係中扮演大量付出的母親角色，作為回報，她要求自己的男性伴侶完全順從於她，且隨時能夠陪伴她。她認為自己已經賦予對方「完全的自由與空間」，然而，「願意給予」及「願意原諒」——有時甚至毫無限度——的背後，卻隱藏著強烈的**占有欲**。她想將自願來到她身邊的鳥兒關在金絲籠中，無微不至地照顧它，**這貌似是愛，然而事實上卻侵犯了對方的自由**，想以這種方式囚禁他人的能量，這是女性能量之陰影面向的本質。

問：就是說，具有強迫性、追逐權力的女性能量很少公開展示其攻擊性，而是工於心計，操縱他人：做出一副充滿愛的樣子，實則另有企圖。

基於自我的女性能量會想要占有他人，而且不願意賦予對方真正的自由，若一位女性的心智被這一目標所占據，就會產生「如果沒有對方的陪伴，我什麼都不是」的恐懼，因無法扮演母親的角色，以及給予、呵護的角色，她會倍感空虛，毫無充實感可言。她因他人對自己的依賴而感到滿足，此人可能是她的子女、伴侶或其他任何人，她的「善舉」背後隱藏著著祕而不宣的動機。

問：女性施展權力的這一形式，也包括誘惑他人，使他人「上鉤」嗎？

誘惑是一種柔和的強迫形式。泛泛而言，擅長誘惑的人能夠很快地發現對方情感脆弱的地方，並使對方覺得自己真的「被理解，被看到，被尊重」。誘惑是與對方的自我玩遊戲，如果對方確實被她的誘惑所吸引，她就有一種獲勝的感覺，心中充滿了勝利感。她能夠掌控他，因為她賦予他的「愛」很快會使他變得癡迷且依賴於她，金絲籠已打造好，鳥兒自己心甘情願地飛了進來。

這無疑是女性的策略，不過，男性也可能會使用它。因為，正如我之前所說，你們所有人之內都擁有這兩種能量。然而，就其自然本性而言，男性能量更為公開地展示其攻擊性：如果一位男性的心智充滿了權力欲，他就會想要掌控，而且不會隱瞞自己的動機；女性的方式雖然更為隱微，但兩者的目的是一樣的：**支配與控制他人**。

問：這一女性策略聽起來滿惡劣的。可是，操縱與誘惑的背後，又隱藏著什麼呢？對權力的渴望與需求又是因為什麼？

正如我之前所說，從一開始，靈魂剛出生之際，就出現了兩性能量之間的分離與疏遠，男性能量代表著與源頭分離，女性能量則是與源頭連結。蘊含於兩種運動之中的願望具有同樣重要的價值：男性的分離願望帶來個體化、發展與多樣性，而女性的合一願望則帶來有關萬物一體性的洞見，以及保護與呵護幼小生命體的意願，兩者皆具創造性，出錯的是，男性的分離願望為女性能量帶來了情緒上的衝擊，年幼的靈魂從中所體驗到的是背叛與被棄之痛，在靈魂個體誕生的過程中，女性能量（諸多靈魂之內的女性能量）感覺自己被「逐出樂園」，因為一體性遭到了破壞。可以說，女性能量代表著創造的保守面向，男性能量則代表著進步的面向（我在此處所使用的「保守」與「進步」都是中性的）。在女性能量眼中，男性能量對分離的渴望是帶有敵意的運動，認為這是對她的欺騙與背叛。要注意，你們所有人之內都攜帶著兩性能量，因此，我所討論的是你們**內在深處的抗爭與糾葛**。靈魂變成熟的過程中，逐漸解決與消除這一內在抗爭是必經之路。

至於你所提出的問題，我的回答是：**女性能量中蟄伏著古老的對「被遺棄」的恐懼**，她責怪男性能量，認為他拋棄了她；而男性能量呢，則覺得在他挑戰臨淵一躍之際，女性能量並未支持他，他不僅沒有感受到母性的無條件支持，反而遭受她的責備與否定。這一切導致的後果是，男性能量獨自上路，而且，因縈繞心中的受拒感，他變得越來越野蠻，越來越焦躁，對女性能量的不信任，使他恐懼親密關係，也**「害怕承諾」：害怕被不滿的女伴或母親吞沒**。也因此，在人類中，趨向分離與靈魂個體性的運動，亦即獨立的「我」——能夠自由地選擇與運作的「我」——之成長與發展，並沒有借助與整體、與一切萬有的連結而保持在平衡的狀態。趨向分離的男性運動發展過度，以自我為中心的能量變得異常強烈，同理心及與他人、與自然那種天然合一感也逐漸消失。一旦男性能量失去了與一切萬有的連結，就會極度專注於生存、抗爭與衝突，恐懼成為其思言行的驅動力，主宰與控制的需求也由此而生。在你們所生活的世界中，這一種以自我為中心、過度膨脹的男性能量所造成的不良影響顯而易見，地球也未能倖免，遭到嚴重的破壞。

你問女性施展權力、進行操縱與誘惑的背後原因是什麼？我剛剛提到過「害怕被遺棄」，不過這並不是唯一的原因，**驅動她們這樣做的最深原因是「無價值感」**，因被男性能量拒絕而產生的無價值感。在與源頭分離，走向個體性的過程中，男性能量有些像離開母親的孩童，而新生靈魂中的女性能量尚無法理解這一分離，也無法瞭解其靈性意義，因此倍感受傷。

與此類似的是青春期孩子反抗父母的權威，成熟的父母理解且能夠正確看待孩子的反抗行為，他們能看到更大的格局，不會因為孩子暫時推開自己而感到憤怒、傷心或沮喪；然而，新生靈魂之內的女性／母性能量尚未成熟，她才剛站在漫長旅途的起點，來自孩子（男性能量）的排斥對她影響深重，使她碰觸到「內在的空洞」。她不由得自問：「我真正是誰？沒有他的我又會是誰？」她感覺自己被剝奪了身分、生命力及存在的意義，她希望，當他再次出現在她身邊時，她能夠緊緊抓住他，內在的空洞必須被填滿，孩子必須歸家，她不信任甚至責怪自己的孩子（男性能量），而與此同時，卻又依賴與需要對方。這複雜矛盾的感受導致了占有欲、操縱與間接的攻擊性；而男性能量對此的反應則是害怕承諾：害怕被「母親」吞沒，換言之，害怕被女性能量緊縛，甚至窒息。

我想再次強調，每當我提及女性能量和男性能量，所討論的都是其**原型**，它們並非獨立的存在，獨立存在的「男性能量」或「女性能量」是子虛烏有的，真正存在的則是內在皆同時擁有兩性能量的男性與女性。

你們，作為靈魂，曾經輪迴為男性，也曾經輪迴為女性，自內而外地瞭解兩性能量，以及它們分別基於心靈與自我的形式。你們，作為靈魂，擁有選擇權；以女性身分延續基於恐懼的女性能量，或以男性身分任基於自我的男性能量主宰自己的人生，都不是你們的宿命。正是在靈魂層面上，你們已變得成熟，在過去無數次的輪迴中，你們對這兩種運動趨勢皆有體驗，你們能夠改變舊有模式，藉由不再無意識地掉回舊有角色，將兩性能量之間的互動提升至更高層面。

問：也就是說，兩性能量之間的抗爭主要是一個人內在的抗爭。可是，我們所看到與體驗到的，不正是性別之間的抗爭嗎？比如，我覺得你所描述的女性能量及其相應的問題（情感依賴，缺乏界線的設定等），就比較符合我自己。

大部分人在自己的一生中，都與其中的某一能量認同，要嘛男性能量，要嘛女性能量。你們會對其中的能量感到熟悉與自在。一般來說，男性覺得男性能量比女性能量更自然，更屬於自己，女性則與此相反。然而，這並不是絕對的，比如，我輪迴為抹大拉的馬利亞的那一世，就有著非常獨立的一面，不想與某個男人緊縛在一起，那時，我心中有種恐懼，害怕承諾，這和前面所描述的男性恐懼比較相似，害怕被禁錮與窒息在親密關係中。

而我卻是一位女性。同樣，一位男性也可能非常敏感，比如較愛幻想，性情柔和，面對攻擊性的言行或情緒層面上的強烈衝擊，容易不知所措。這樣的男性比較傾向於女性能量，而對於男性能量那基於自我、充滿競爭性、較為強硬的面向，則會感到不適。

因此，儘管存在著林林總總的形式，但總的來說，每個人都會認同於兩性能量中的一種。以你為例，你較容易認同於女性能量，你在自己身上看到了女性能量那不成熟的面向，比如沒有足夠地接納與擁抱自身的個體性，在關係中容易失去自己，難以明確地設定與守護適合自己的界線，你的內在使命是——**喚醒自己內在那基於心靈的男性能量**，這使你能夠**更好地保護自己**，對於不符合自己心願的事情明確說「不」。藉由這日漸增長的自我覺知，你於內在為基於心靈的女性能量——**直覺與靈感**——開闢出越來越多的空間，喜悅與充實的人生畫卷也逐漸展開。

問：是的，我也意識到了這一點。不過，在某些前世中，我曾經更加認同男性能量？

當然。你曾經不止一次地分別體驗與探索過這兩種能量。**你們所有人都於內在同時擁有在諸多前世中已被形塑的男性能量與女性能量**。大多數情況下，每一個靈魂在每次輪迴中都有一個首要主題，比如，對你來說，主題就是充分運用自身的男性能量，在學習這一課題的過程中，兩性能量都被邀請向更高的層面轉化，因此，你越發展內在那基於心靈的男性能量，你之內的女性能量也會隨之成長，並逐漸放下充滿無力感與自我否定的舊有模式。

僅僅發展其中的一種能量，而不去關注與轉化另一種能量，這是不可能的。這一過程的終極目標就是**平衡**，在平衡狀態下，你的靈魂之流才能順暢地彰顯於日常生活中。事實上，那時靈魂再獲重生，成為源頭一朵擁有自我覺知、自由、擔當的火花。

第五章 療癒女性創傷的三步驟

問：前面幾章我們討論了男性能量與女性能量的不同形式，其光明與陰暗的面向均有涉及。顯然，這兩種能量都是不可或缺的，我們需要將它們提升到更高的層面，以達到兩性能量的平衡。現在，我想知道該如何療癒女性能量的創傷，這一彰顯為腹部能量空洞的創傷。

女性療癒的內在之旅可以分為三個步驟，第一步是**認知與直視自身的陰影**。每個女性都於內在擁有「不滿足的、有毒的母親」痕跡，這樣的母親因內在的空洞而緊抓住男性能量不放，具有強烈的占有欲與控制欲。有意識地於內在洞察此陰影，並帶著愛與理解將其轉化成真正的自愛，此乃必須之舉，後面我會詳細討論這一點。

第二步是**於內在啟動基於心靈的男性能量**，**並運用這一能量來守護自己的界線**，以使「獨立的自己」成長壯大。內在的男性能量能夠助你占據屬於自己的一席之地，信任自身的品質與才能。

通往療癒的第三個步驟則是**以自我覺知與獨立性為基礎，彰顯更高的女性心靈能量**。如果腹部的空洞被自愛與自我認知——對自己的模式與陷阱的洞見——所填滿，與靈魂的連結就會盛放，你則能夠真正地在靈感指引下與這個世界分享自己的天賦和才能，那時你就是完整的。

以下，逐一討論這三個步驟。

第一步：認知女性內在的陰影

對於女性而言，認知自身的陰影並非易事，因為**女性往往「認為」自己是遵從美德行事，儘管她們的行為其實完全違背了自身的本性**，正因如此，她們一直無法看到自己的陰影。比如，她們認為善良賢慧、樂於助人、富於同理心、符合社會要求、具有親和力、善於安撫他人等都是美德，而自私、倔強、不順從、不守禮節、不隨主流都是缺點，自小到大，她們或明或暗地被灌輸了諸如此類的觀念與定義。在許多女性心中，憤怒、盡歡、叛逆等行為依舊是禁忌，女性常常不得不忍氣吞聲，以扮演那善良賢慧、舉止得體的角色，**她們言不由衷，嘴上說「好的」，內心的感受卻是「不好」，因為害怕被看作是「壞女人」，害怕被譴責**，她們刻意扮演著有違本性的角色。

就諸多女性的自我形象而言，在她們「應有的感受」與「真正的感受」之間存在著明顯的鴻溝，她們往往將自己的真實感受隱藏起來，甚至不讓自己看到。不過，這種情形是無法永遠維持下去的，因不斷壓抑自己的真實感受，挫折感與憤怒逐漸於內在積累起來，爆發則是遲早的事。那時，那個溫柔賢慧、善解人意的女性忽然變成了「悍婦」「潑婦」；另一個可能性則是，被壓抑之火由身體吸收，陷入生病、憂鬱或身心俱疲的狀態。

男性則與此不同。**男性的陰影往往以人們認為「錯誤」的方式表達自己：攻擊性**、**專制**、**無情**、**暴力**。在這一點上，男性與女性意見一致，都認為這是不好的品質。就此而言，男性自我意識很強的男性比女性自我意識很強的女性更容易看到自身的陰影，男性能量的陰影比較容易覺察，視而不見幾乎是不可能的；而女性能量的陰影則較為難以捉摸，比較隱蔽與間接。也正是因為這個原因，對於女性而言，分清**「適應社會的自己」**與**「真正的自己」**是如此地至關重要。

從靈性角度看，女性在尚未深切體會是否適合自己的情況下，並不全盤照收外在世界對「好」與「壞」的定義，這是極其重要的。相較於強迫自己去滿足社會上的各種要求，更有益於內在平衡的，則是**允許與接納自身的真實情緒**，並認真覺察自己對某事或某人的真正想法，**允許自己有憤怒，接納自身的不滿足感、逆反心理、強烈的渴望及憂傷和恐懼**，只有這樣你才能夠更好地認知自己。你無需努力去做一個「好人」，你本性良善，不過這本性上的「良善」並非你們許多人所以為的那樣是一個「秩序完美的花園」。在你們「本我」的花園中，時有暴風驟雨，亦會風煙俱靜，有時陽光明媚，有時則連日陰雨綿綿，正如大自然一樣，並不總是整潔優雅與可以預測的。你的「本我」是活生生的，充滿了活力。如果你能夠將自己內在生命的動態變化，將自己所有的感受與情緒都看作是好的、自然的，就會放鬆對其的掌控，你的內在花園也會因此而立刻受益。這一花園有著自己的法則與韻律，知道如何維持自身的平衡，靈性成長的藝術在於理解與尊重這些法則與韻律。為了能夠做到這一點，你必須尊重自己，**尊重自己的獨特本質**。

尊重自己的本性，愛自己，這使你能夠放下自我抗爭，由此，你會自然而然地變得更加快樂，更加安然無慮，彷彿一個沉重的負擔已從身上滑落，**「真正的自己」**與**「滿足他人期待的自己」**之間的鴻溝也會消失不再。他人是否喜歡「本真的你」是他們自己的事，而不再是你所關注的焦點，這是極其令人解脫的一步，你無需再強迫自己竭盡全力去成為並非自己的那個人。

問：不過，男性是不是也需要邁出這一步？他們不也是一直努力地使自己「合群」，為了適應社會而扮演著違背自身本性的角色嗎？

是的。不過**女性的陰影往往在於違背本性地「否定」自己，男性則往往在於違背本性地「膨脹」自己**。兩種傾向皆具有破壞性，只是女性那趨於「無我」的傾向更容易隱藏在「賢慧淑良」的外衣下。

你可以誇張地想像一下，一個溫柔、不自信但善解人意的女性愛上了一個剛陽有力的男性，這一男性自然而然地成為擁有決定權的一方，在這段關係中擁有主宰角色。這位男性脾氣暴躁，易激動，內在毫無安寧可言，並總是需要他人的關注與首肯。最初，這位女性對他的關注與傾慕尚能滿足他的期待，然而隨著時間的推移，這對他來說「已經不夠」，於是他開始出軌，將目光轉向其他女性。這使他的伴侶傷心不已，與此同時也變得更加不自信，她覺得自己配不上他，並因此而更加努力地加強對他的吸引力。她試圖去滿足他所有的一時之興及願望，將自己置於末位。可是，這完全無濟於事，男性還是不斷地追求其他女性，不斷地欺騙她。

從表面上看來，這位男性是「壞人」，女性則是「無辜的」，或者說是「受害者」。然而事實上，兩人都同樣展現了破壞的作用，指的是，她長期以來一直都在以強硬的手段羞辱與否定自己，她的陰影在於「自我否定」，跡象之一便是她並未因丈夫屢屢出軌而產生多大的憤怒，而是感到傷心和不自信，她無力憤怒，儘管此處憤怒與氣惱──「不，這是我無法接受的」的強烈感受──本是最為自然的反應。不慍不怒或許看上去是「良善」或「有涵養」的表現，然而事實並非如此，**「不敢憤怒」正是內在無力感與害怕面對自己的外在表現，此乃真正的陰影**，她不願直視的陰影。也因此，她明知不該這樣卻依然緊抓著自己的男性伴侶不放。

當然，這個故事有些刻板誇張，大多數人都能夠明顯地看到她那隱蔽的陰影，然而，自我否定也可能採取比較隱晦的方式，因此較不容易被發現。對於每一個女性而言，坦誠地覺察自己在一段關係中**真正想得到什麼**是非常重要的，因為懷疑自己的存在價值而想得到他人的首肯或承認？內心感到自卑而對方能夠帶給自己存在感與重要感？那你要小心了！當然，被看到、被尊重，這會使人感覺良好，但不要執著於此，一旦你對此變得執著，就會依據自己以為對方希望或期待自己如何而改變自己的言行，去扮演一個並不是自己的人，於是，一個「假我」出現了，並逐漸占據了主宰地位。那個「假我」不斷遮掩自己的黑暗面，因為在對方面前「丟臉」實在是令人沮喪之事。**如果你能對自己誠實，承認內在的恐懼與不自信，就邁出了自我解脫的第一步**，你認識到自己內在的空洞，且不會試圖逃避。進一步深入探索這一空洞的話，你會發現隱藏在自己生命中的孤獨、恐懼與絕望，它們可能已有悠長的歷史，對你有著深遠的影響。

與此同時，藉由覺察內在的這些能量，你發現了自己。透過明察與直視內在的空洞，你運用自身的力量與光來彰顯自己，這是走向內在療癒的第一步。那時，你會意識到，試圖利用他人的首肯與承認來填補這一空洞是徒勞之舉，更甚的是，這樣只會使你變得軟弱，因為你不再是自身能量的掌管人，你需要一個外在的滋育源泉。這會導致各種各樣的問題，因為你壓抑自己的自然衝動以維持來自他人的滋育，你以為自己根本離不開對方的滋育，然而事實並非如此。

這種形式的「失去自我」頗為常見，儘管情況或許並不像上述例子那樣誇張。壓抑自己的隱晦方式不一而足，而你往往沒有意識到自己正在這樣做。因此我建議所有的女性都仔細地覺察自己在關係中的真實感受，以及自己何時為了獲得對方的關注與首肯而否定自己。自我否定之陰影只有在你尚未覺知的情況下才能夠主宰你，**一旦你看到自己「自我否定」的傾向，且誠實地面對它，你就又回到了自己的本質中心，再次成為自己人生的主人。**

不要再為了掩飾自身的無力感而刻意粉飾自己的行為；**不要自欺欺人地告訴自己「被動、溫順、過度謙遜」是美善與高尚的行為**。請注意，**不要扮演被害者的角色，**

不要為了自我犧牲的「善舉」而忽略自己，這樣你只是在為違背自性的行為貼上良善與負責任的標籤。內在成長並不意味著進入「無我」的狀態，而是意味著自我發現，看到自己是一個可以被愛、被滋育的獨特、有價值的生命體，若對自己持開放與欣賞的態度，自然也會使你對他人持開放與欣賞的態度，**你所給予自己的，也會給予他人**，如果你對自己變得越來越開放、越來越有愛，那麼你也會逐漸看到自己與他人之間的平等性。慷慨是愛的本性：**如果你能夠愛自己，便能夠成為愛之源泉**，使愛向周遭世界漫延，你因此而成為創造者，這才是真正填滿女性腹部空洞、使她們扎根地球的東西。她們的力量、獨立性與一顆溫暖的心被**自愛**啟動，它與自我否定是截然相反的。

問：青少年時期的我，能夠深深地愛上一個人，對「融合」有著強烈的渴望。我非常渴望能與某個人完全融合在一起，自己所有的界線都消融不再，取而代之的則是對彼此的認知、喜悅與安全感。這一願望彰顯為對某個人的愛，不過這比欲望或肉體上的吸引要深刻得多，是一種對「精神上的融合」的渴望。隨著年齡的增長，我問自己，這種渴望是否更是精神層面上的，而非性方面的，而且，這也是對「走出各種限制與禁錮，進入使自己感到自由、振奮與愛得更偉大能量」的渴望。

這一種對融合、對進入更偉大能量的渴望，是否也是女性陰影的展現呢？在我眼中，這是女性能量的一個願望，顯然是一股連結之流。不過，在想要「融化」這一願望的背後可能有些不對勁的地方，至少我的人生經驗告訴我，與他人那持續不息、完美無暇的合一並不存在。在一段關係中，可能會出現那種神奇的連結時刻，但除此以外還是要自己單獨去面對。現在我並不覺得這有什麼不好，我甚至常常需要獨處，享受獨處的時光。那麼，渴望融合難道是錯的嗎？這其中是否也潛藏著女性能量那有毒的陰影？

如果你想藉此逃避自己，那麼對融合的渴望就是錯的。如果一個人對地球生活持抗拒的態度（以前的你就是這樣），對揚升與進入更偉大能量的渴望可能會使其遠離自己的真正使命：成為界線明確、內在堅實、具有自我覺知的「我」。這一生中，你已不止一次地從「與他人全然連結」的夢中驚醒，為了維持自己的夢，你不斷地掩飾自己與他人的不同與分歧，試圖避免衝突，不過卻由此創造了一種虛假的「合一狀態」。在這種狀態下，你一次次地壓抑自己內在的衝動，隨著時間的推移，你再也無法繼續承受下去，你不止一次地分手還有辭職，每一次中斷關係你都倍感解脫。這確實是你所需要的：脫離壓制自己的能量，從不適合自己的能量中解脫出來，邁出這一步需要勇氣與自我覺知。這與維持虛假的連結恰恰相反，相較於對融合的渴望，帶著自我覺知打破不平衡的連結，為你的人生帶來了更多的美好。

試圖逃避及為了他人——伴侶、某群人或者其他的一些關係——而失去自我，這說明你缺乏獨立性，缺乏自我覺知，也說明你的男性能量尚未獲得充分的發展，而且，也確實存在著女性能量的陰影，因為事實上你要求對方擁有一種完美，而從人類的角度而言，這種完美是不可能的。在對全然融合的渴望之中，存在著你對對方的潛在要求：對完美的愛、理解與安全感的渴望，這一渴望的核心之中隱藏著**他人永遠無法替你消除的無助感與軟弱**，你將根本無法實現的期望帶入親密關係。這種期望是有毒的，因為它不允許對方做本然的自己。

你早年那種對融合的強烈渴望並非有意識的毒性，因為你並不瞭解是什麼在驅動自己這樣做，而且，你本人亦深受其苦。這也適用於大部分過度渴望連結的人，他們藉由內在的空洞來感受與運作，無法腳踏實地地融入這個世界，也無法與自己和平相處；他們過度付出，且隨著時間的推移，在關係中失去自己。隨著時間的流逝，他們可能會覺得自己是受害者，責怪他人專橫霸道、利用自己或自私自利；而情況往往是，你自己將門打開，並且沒有很好地守護自己的界線。從靈性角度看，**過於軟弱與過於強勢，兩者不分伯仲，問題同樣嚴重**。過於軟弱的自我任人欺負，不過這並不是沒有原因的，這其中有著不宣之情，說白了，就是隱藏其中的希望：如果我任你欺負，那你就欠我的，我犧牲自己的利益以贏得你的愛、忠誠與信任，在這種「無我」的行為中隱藏著「操縱」的性質：**你希望對方需要你，情感上的依賴會賦予對方權力**。過於軟弱的自我試圖以一種**扭曲的方式**贏取強大的自我所能夠贏取的東西：對方的愛與首肯。

問：也就是說，對融合的渴望往往意味著逃避自己真正的使命（成為獨立的人）。那麼，在雙方都能夠為自己負責，能夠放下不現實期望的關係中，又有什麼樣的融合與連結的空間呢？

在愛與平等的關係中，融合體現為雙方深刻的、不言而喻的連結，儘管雙方都有各自的成長之路，但彼此之間一直存在著使人喜悅盈心、不斷成長的能量交換。這種並非建基於恐懼與內在空洞的、靈魂之間自由的愛，是人生中最美好的體驗之一。

第二步：啟動內在的男性能量

問：認知內在的女性陰影會使人覺察到自己的內在空洞，並由此看到，只有真誠地欣賞與敬重自己才能夠填補這空洞。自尊與第二步「啟動內在的男性能量」是否有什麼關係呢？

有一定程度的關係。不過，自尊並非男性或女性的特有行為，而是臣服之舉，亦即遵循本性。為了能夠做到這一點，就要承認自己是一個獨立的個體，你必須要放下對融合及「進入更偉大能量」的虛幻渴望。你內在的基於心靈的男性能量所能夠賦予你的是：**認知自己作為一個獨立生命體所具有的獨特性與創造力，男性能量能夠助你不再黏附於「整體」，勇敢地說出「我」這個詞**。他是已經成人的宇宙孩童的象徵，其深深地敬重與珍視「母親」——合一的源頭，而與此同時，也滿心喜悅地踏上「成為我」的冒險之旅。你那基於心靈的內在男性能量即為你的自我覺知、你的創造力，以及踏上新道途的勇氣，這一能量讓你真切地感到，作為一個自由與獨立的生命體，你完全能夠自己做出決定。對於在關係中有著「過度連結」傾向、過度給予並失去自己的女性而言，此能量極具療癒性。

問：如何啟動內在的男性能量？

藉由**相信真正的自己，信任自己的真實本性及自發的感受，不再受縛於來自外在世界的期待**。偏離主流、與眾不同，這並沒有什麼不好，滋育內在那富於冒險精神的一部分，這一部分的你想要從既有秩序中脫離出來，因為它感覺到還有更新、更好的東西，感覺到如果自己的人生不再受制於虛偽的道德主義及關於是非對錯的虛假規則，就會變得更加自由、更加充滿活力。你內在那叛逆的一部分與你那基於心靈的男性能量有著密切的關係，你那敢於說「不」、固執、不順從且不服約束的一部分……請給予它發聲的機會。

觀想你在一個寂靜無人的地方，林中或沙灘上。一個充滿年輕活力的男性形象出現在你的面前，他渾身散發著叛逆的能量，明顯地表明自己不會被虛偽的藉口所迷惑。他堅強有力、不屈不撓，看一看你能否與他建立連結，並納入他的能量。他想對你說些什麼？他是你內在的一部分，為你帶來了訊息。清空自己，以能夠接收。

問：我遇到過不少高度敏感的女性，她們難以設定界線，且常常自動地感受到他人的能量，對此作出反應，並因此而感到精疲力竭，而且，當她們意識到這一點之時往往為時已晚。她們好像不由自主地就與他人融合在一起，暫時地完全失去了自己。如何才能避免這一點呢？具體該怎樣做才能「擁抱男性能量」，更加腳踏實地，並保護自己呢？

高度敏感是「移情與直覺地覺察」的一種形式，是某種形式的女性能量，它在男性與女性身上都有可能存在。重點在於，許多高度敏感的人，他們除了在直覺性覺察這一方面擁有高度發展的女性能力外，也同時擁有「自我否定」的女性陰影。由此，其不僅能夠輕易地感受到他人的狀態與情緒，也同時具有過度幫助他人、忽略自身需求的傾向，後者與高度敏感無關，而是與「自我否定」有著密切的關係。

我所能給出最具體的建議是：認知自身的陰影。能夠感受到各種能量與情緒是一回事，由此而失去自己則完全是另一回事，你無需與對方共同承受痛苦，對方也不會因此而受益。你可以選擇、可以做到高度敏感，能夠於內在感受到諸多能量，與此同時也完全與自己同在，不失去自己。這要求你放下各種形式的自我否定，要知道，**利用直覺覺察他人的能量時，你依然完全可以做那個堅定、有尊嚴、界線明確的自己**；你要知道，在這種情況下，你反而能夠為對方提供最大的幫助。

第三步：將更高的女性能量具體化——連接第三眼與心

問：第一步與第二步分別描述了認知自身陰影，以及有意識地運用自身的男性能量，這奠定了自尊與獨立的基礎，也是眾多女性所需要的。那第三步的作用又是什麼呢？

我已經討論了女性能量的陰影，以及認知這些陰影的重要性，只有認識到自己的陰影、自我否定，以及「藉由給予來獲得存在權」的陷阱，你才能夠真正地成長。如果你能夠自內而外地瞭解自己的陰影，用自愛、力量與獨立來徹底填充內在的空洞，你內在那基於心靈的女性能量就能夠綻放。你將更高的男性能量啟動，由此，那更高的女性能量能夠更耀眼、更純潔地展現出來。

女性能量擁有「真正的無條件的愛」的潛能，這種形式的愛與充滿掌控欲及強迫性的愛截然相反，後者主要以約束與占有對方為目的。而無條件的愛則意味著，知道對方是一個完全獨立的靈魂，應該自己做出抉擇，**只有自己做出抉擇才會導致內在成長與覺醒**。真正成熟的母愛不會再強迫、支配與過度照顧自己的孩子，她打開籠子，讓鳥兒完全自由地飛翔，與此同時，這位母親會保持與孩子深刻、共情的連結；她給予孩子自由，不過卻以愛的目光和感知陪伴著他。有時，她於內在清晰地感受到孩子需要什麼，或者什麼是他最大的障礙，不過，只有在孩子詢問她時，她才會與其分享自己所知道的，那時，她能夠賦予他非常特殊的東西。**她那智慧的建議並不會剝奪孩子選擇的契機，她讓孩子看到自身所攜帶的潛能與承諾，肯定他做出正確抉擇的力量與能力**，這使孩子自信倍增，他真切地感受到她那全然的信任與無條件的愛所帶給他的支持與溫暖。這種愛是最高形式的女性智慧，她彰顯了作為母親的溫暖與關切，與此同時，還有作為老師的智慧與獨立性。

這種形式的愛並不一定僅僅彰顯為母子關係，療癒性的女性能量能夠為所有的關係帶來光。在伴侶關係中，它使雙方有著**深刻連結**的同時還**賦予彼此自由**，這一連結既溫柔又充滿了愛與關切。因女性能量的共情品質，關係中的雙方彼此心有靈犀，無需多言便已理解對方。如果你能夠將最高的女性能量帶入關係中，你就是對方那無條件的愛的通道，而且這並不會使你損失什麼，因為你能夠很好地感知施與受的平衡，不僅如此，你自己也從同一個無條件的愛的源泉中獲得滋育。

更高的女性能量（或者說基於心靈的女性能量）是關乎於接觸與連結的能量，當今這個世界迫切需要它。這一能量的目標是為截然不同的各方帶來理解與溝通，尤其是在政治與社會層面上，女性的連結能力能夠帶來顯著的不同。世界變得越來越小，當代通訊技術也使得人與人之間的聯繫越來越多，然而，儘管從技術層面看，**人們能夠藉由現代通訊技術與他人進行廣泛的交流，但這並不意味著他們正在進行真正的溝通**。

就這一點而言，外在的發展超前於內在的發展，與此同時，外在發展也展示了前進的方向。人類再也不能將自己劃分為「我們」和「他們」的陣營，在所有人中都認出最根本的人性，無論其種族、信仰、性別等如何，這是未來的基礎，只有這樣才能建立真正的溝通。那更高的、基於心靈的女性能量在人與人之間播種與理解、開放與連結；基於心靈的男性能量則為每個人的個性與獨特性創造空間，兩種能量都是不可或缺的，越是啟動這些更高層面的振動，並將其根植於自己的日常生活，人類的集體能量場越會更加快速地發展，成長為一個更有愛的世界。

第六章　女性智慧：重新尊重直覺

問：療癒女性創傷的第三步是顯化自身更高的女性能量。在傳統體系中，女性智慧往往與「第三眼」聯繫在一起，它是直覺，或者說超感知能力的基座，女性心靈能量與他們所說的「第三眼」——能夠看到超越物質實相的東西，能夠覺察到更加精微的能量——有關聯嗎？這是基於心靈的女性能量所具有的能力嗎？在（幫助、輔導與療癒他人的）工作中，許多女性光之工作者較傾向於直覺、共情的處理方式（而非單純地依靠理智思維），這也是更高的女性能量的屬性之一嗎？

在基於心靈的女性能量中，**第三眼**——傳統意義上代表著**直覺**與**超感知能力**——與心是相連的，就是說，所有借助超感知及共情方式所獲得的訊息都會經過「心靈之愛」的過濾，這是什麼意思呢？人們能夠以各種形式，尤其是出於各種動機，來運用他們借助超感知能力所獲得的訊息。第三眼是內在的感知中心，可以藉由它來覺察超越物質層面、超越五種感官所能感知的世界的東西。借助肉眼，你們能夠看到物質實相，而借助第三眼則能夠感知到非物質的能量，比如（生物）能量場、離世之人的形象及人類情緒等。

許多人的第三眼處於一種休眠的狀態，無論是家庭教育或學校教育，都沒有教導如何運用這種「觀看」方式——**內在的觀察**；不僅如此，還試圖打消人們對第三眼的興趣。如果一個小孩子忽然看到能量場、指導靈或離世之人，其往往會被告知，這不是真的，只不過是夢境或幻覺；尤其是那些比較敏感的人，他們的第三眼，或者說「第六感官」從未完全關閉，他們在這一方面更是備受困擾，因為他們不瞭解自己所具備的能力，也不知道該如何充分地運用這一能力。

第三眼其實是你們地球人格的重要組成部分，使用第三眼的出發點要嘛是愛，要嘛是恐懼及權力欲，泛泛而言，使用第三眼的動機不外乎於此。過去，尤其是進入理性與科學的時代之前，第三眼往往被用來攫取與施展權力，淪為權力工具，不過，只有在承認第三眼的真實存在，承認其力量的社會，才會出現這種情形。現今社會中，超感知能力、超自然能力及靈性修習背負著諸多質疑目光，唯物的科學世界觀影響廣泛，它對於並非藉由身體的五個感官及大腦思維所獲得的知識，持質疑甚至反對的態度。然而，許久以前情況則大不相同。

在許多古老的部族中，萬物皆有靈，肉身死亡後，生命依然繼續，存在著許多肉眼不可見但卻影響巨大的力量，這在人們心中都是不言而喻的。這些力量並不一定都是良善的，有些邪惡力量從精神世界向大自然施威，或者以某些人為媒介施展自己的力量，也因此，人們對它們心懷敬畏。比如，自然災害被看作是來自某位神祇的懲罰，疾病有時也被看作是惡靈附身，或者是某位祖先的報復。在這樣的社會中，那些能夠與超感知世界溝通、對這些力量有所瞭解的人，擁有不可忽視的影響力；然而，第三眼開啟的人並不見得總是以一顆開放之心來運用這一能力。第三眼是中性的，既可以用來操縱他人，也可以用來幫助他人，自古以來，第三眼常常被濫用，這也是時至今日，人們對超自然能力的運用依然心存排斥的原因之一。

然而，也可以帶著一顆充滿愛的心來運用第三眼的內在覺察力，此處正展現了女性能量的真正力量。**藉由直覺所獲得的訊息如果經過了心靈的過濾，那麼，只有對對方有益的訊息才會被利用，所有剝奪對方選擇權、使對方感到無力甚至陷入恐懼的訊息都會被省略**。訊息的目的只是為了說明對方實現內在成長，完全地尊重對方的自主權，因此，這些訊息不會帶有任何強迫性或命令性，而是帶給人們**勇氣**與**力量**。這種形式的幫助與療癒，在愛的承載下，完全調諧於對方當下的可能性與成長之路。以這種方式運用第三眼的人，大多擁有基於心靈的意識覺知，這對於充滿愛地運用第三眼是必不可少的。

問：我自己的經驗是，這一時期，許多直覺力強的人並不敢運用這一能力。許多光之工作者想要藉由自己的直覺，而非僅僅頭腦（比如以心理學模型為基礎）來說明與輔導他人，他們天生就有感受能量、用第三眼「觀看」或進行通靈傳導的能力。然而，他們擔心自己不夠純淨，擔心一切都是自己的臆想，擔心會誤導他人。他們對自己的天賦和能力心存猶疑，尤其害怕濫用它們，他們覺得運用自己的內在之眼是一件責任重大的事，不想或不敢承擔起這一責任。你能就此談一談嗎？

許多正在經歷從**自我**到**心靈**之過渡的人，以及想要幫助與引導他人經歷此過渡的人，對他們來說，這是一塊不容忽視的絆腳石，一旦踏入基於心靈之意識覺知的領域，就會明確地意識到自己在過去對權力的濫用行為。你們之中的每一個人都曾濫用權力，也曾操縱他人，為了達到這目的，也曾採用具女性特性的方式，亦即藉第三眼來對他人施威這種不純淨的方式，那時，主宰你們的是基於自我的意識覺知，恐懼、自卑感、嫉妒或憤恨是你們的驅動力。你們傷害過他人，你們的靈魂並未忘記這一切，對於這些作為加害者的前世，你們心懷愧疚，認為自己要對此負責。認識到自己的責任感，這是靈魂成長的必經之路，若你們由此而變得謙卑，認識到人與人之間的平等性，這就是好事。為自己濫用權力的行為而感到後悔，放下優越感，承認自己曾經的偏頗，這對靈魂能夠產生療癒的作用，靈魂為此而變得更加自由。

不過，還有一種可能性，亦即，**你們內心充滿了強烈的負罪感**，且一直為自己曾經的所作所為而苛責自己，看輕甚至鄙視自己。這樣的評判阻礙了你們的成長與發展，因為這使得你們難以原諒自己、和善地對待自己。只有**原諒自己**，你們才能從曾經的歧途中汲取教訓，轉化自己。許多人都覺得很難做到這一點，自小到大，你們學會（也習慣）了評判，很難用**充滿愛的目光**看待自己。

此外，在某些前世中，你們也曾經帶著純潔的動機，運用第三眼來傳遞知識，使他人受益。然而，在這些前世中，你們不止一次因自己的行為而遭到批評、攻擊甚至處罰，為了獲得真相與療癒而運用自己的內在之眼，這對於團體或社會中的既有權力體系而言，往往是一種衝撞。你們曾不止一次地因此成為受害者，這使你們留下了深深的傷痕，此創傷則彰顯為如今的恐懼，恐懼自己與眾不同，害怕成為「出頭鳥」。許多光之工作者於內心深處都對暴力心懷恐懼，過去的經歷使他們變得膽怯、畏縮不前。認知內在的恐懼與不確定感，放下痛苦的過去，這是必須之舉，一直受其禁錮的話，你們不僅會變得自卑，也不會珍視自己的直覺力，你們寧願將自己隱藏起來，以避免再次受拒的危險。

問：就是說，這與尚未化解的前世能量有關，那些曾是施暴者或受害者的前世。當一個人想要彰顯光之工作者的能量，想要基於心靈地運用第三眼與女性能量時，這兩種能量——歉疚與恐懼——就會浮出水面。如何才能更好地放下這些舊有能量呢？如何才能知道將自己的直覺能力展示於眾的時機業已成熟，比如進行解讀或療癒的工作？

放下這些舊有痛苦回憶的方法是：**認知到它們是來自於過去的能量**，也因此，**回溯前世**有可能對人大有幫助。回溯者為自己的恐懼與負疚找到了歸宿：它屬於過去，而非現在，那時，才能夠將自己的恐懼與負疚看作是外在的實相，你並不是自己的恐懼與負疚，即便它們就伴隨著你，徘徊不去，你會成為它們的引導者或療癒者，而非它們手中的玩物。恐懼來襲之際，你可以將之看作是來自於過去的呼喚，它源自你內在感到恐懼，需要獲得保護與鼓勵的那一部分。藉由**不介意來自他人的評判**，你就能夠為其提供保護；藉由**聽從內心的聲音**，去**做自己真正喜歡的事**，你就能夠使其獲得鼓舞。如果你被愧疚壓倒，或者害怕為他人帶來損失或傷害，你可以這樣看，它來自於你內在想要為過去的錯誤接受懲罰的那一部分，那麼，你可以告訴這一部分，你已認識到自己曾經都做了什麼，會從中吸取教訓。這意味著，它可以卸下「負罪感」這一沉重的負擔。

將自己的直覺能力展示於眾的時機業已成熟，比如成為靈性治療師——如果這個願望一次次地帶給你喜悅與啟迪的話，倘若這是你**內心的渴望**，並且帶給你**欣悅的感受**，那麼這就是來自靈魂的呢喃。此外，還會出現許多來自於外界的支持與鼓勵，各種對你有助益的情境，以及來找你諮詢的人，儘管如此，這依然是臨淵一躍，會喚起你內在的恐懼與猶疑。除了追隨靈魂願望的喜悅感之外，舊有創傷也往往會浮出水面，**不要期待自己立刻就能夠走出傷痛**，帶著自身獨一無二的靈魂能量走入大眾視線，這說明你是認真的，這已是走向療癒的重要一步。要耐心地對待這些遲遲不肯退去的恐懼與猶疑，用我剛剛描述的方法，像慈愛的導師那樣對待它們，不要被它們主宰與牽制。

問：可是，害怕受拒，這在現代難道不是很現實的嗎？記得我自己剛開始從事靈性治療工作時，尤其是公開地進行通靈傳導時，我非常害怕遭到批評與嘲笑。那時我剛告別學術界，而且剛在幾年前完成了科學哲學領域的博士論文。一想到我那些學術界的同事們有可能看到我坐在那裡進行通靈傳導，來自他們的激烈批評，還有掛在臉上那憐憫的微笑，這一畫面就栩栩如生地出現在我的眼前。在科學界／學術界，人們非

常輕視「靈性上的東西」、直覺，或者說內在之眼，並得不到認真的對待，不被看作是獲取知識的管道，人們對此完全缺乏開放之心，這一點使我倍感訝異。一切與靈性有關的東西都遭到排斥，不知這種強烈的情緒從何而來。泛泛而言，為什麼科學如此抗拒藉由「直覺」與「超感知能力」來獲取知識的女性能量呢？

其實，你提出了兩個問題，第一，害怕受拒，這在當今這個時代是否依然是現實的？第二，為什麼科學如此抵制靈性與神祕主義？

我先回答第一個問題。在你所生活的荷蘭社會，人們可以自由地做自己，你能夠安全地創建自己的工作室，出版帶有神祕主義內容的書籍，來自外界的評判最多只能為你帶來心理上的壓力，你不會受到身體層面上的威脅。你是一個自由的公民，相較於過去，比如許多國家都受制於獨斷專橫、不容異議的少數人的時期，這絕非平常之事，就這一點而言，確實存在著進步，儘管這個世界依然充滿了壓制與暴力。你在地球上能夠安全地進行自己的工作，而且你內心深處知道這一點，對於你及諸多光之工作者而言，對被拒的恐懼主要是來自過去的遺傳。

第二個問題，對靈性的敵對態度，其根源與人類歷史中兩性能量的疏離有著緊密的關聯。科學思維方式主要依賴於過度膨脹、否認女性能量之重要性的男性能量。

建立現代科學的初衷在於，借助自己的觀察與邏輯思考，而非宗教教義來彙聚知識。中世紀末期，許多年輕的科學工作者觀念新穎，他們抵制教會所傳播的基於權威與教條，而非對真理之愛的世界觀，他們為自己的抵抗行為付出了慘重的代價，因為教會對與其對立的人毫不仁慈與手軟。最初，科學本是一場解放運動，其目的在於解放思想，從以教會為主要承載者的沉重、令人窒息的能量中解放出來。從靈性的角度看，啟蒙時代的開啟為「獨立思考」創造了空間，可以說這是一種進步。如果你看一看當初那些年輕的科學工作者付出了多少努力，又進行了多少抗爭，才能掙脫宗教制度的束縛與統治，那麼，從心理層面上講，科學迄今一直對宗教持懷疑態度，也是可以理解的。在科學眼中，宗教與權力和權威之間有著緊密的關聯。

科學宣稱自己是價值中立的，亦即不依附於教條，而是僅僅以沒有偏見的觀察與邏輯推理為基礎。然而，頗具悖論性的是，僅僅依據觀察與邏輯就是價值中立，這一出發點本身就是教條，僅僅以**感官的感知**與**邏輯推理**為基礎，會使自己遠離其他獲取知識的管道。**直覺也是獲取知識的管道，這是一種直接的「知道」，無需依賴大腦思維或身體感官**。直覺依賴於**直接感受**、**靜觀**與**共情**的意識覺知，這是什麼意思呢？如果你藉由直覺調諧於某一生命體，且放下自己對對方的評判與期待，就會接收到有關對方內在世界的訊息，此訊息會以**感受**的形式出現，你感受到某個畫面、某種知覺，或者驀然出現在腦海中的簡短話語，你覺得它來自於自己之外的某個地方，而且在接收訊息的那一刻，自己與外界的分界彷彿也暫時消融。處於深入的直覺狀態時，你彷彿在自己的肉身之外運作，你藉由自己那「非物質」的核心進行觀察，在此層面上，你與對方之間不存在任何距離，進行觀察的那一刻，你暫時「變成」了對方。

在這種合一的狀態下，你知道並感受到對方的內心世界，你透過對方的眼睛看世界，對方的體驗也暫時變成了你的體驗；而與此同時，你也與其保持著距離，就是說，你只是以觀察者的身分靜觀，你帶著高度的敏銳及真正的開放之心感知對方，以中立客觀的態度靜觀對方，你的心中充滿了寧靜與平和，沒有任何評判。這種直覺性的感知是獲取知識的「女性方式」，既不借助身體感官，也不依賴邏輯推理，儘管如此，此方法卻能帶給人有關生命——甚至並不局限於人類生命——的洞見。以這種方式接近大自然，也能夠獲得許多非比尋常的洞見。

科學排斥這種方法，認為直覺是帶有情緒的觀察，是不可信任的。此處，我們再次看到，儘管心靈與情緒性質迥異，卻依然被歸在一起。誠然，直覺性觀察可能會受到觀察者情緒的影響，而且這種情況也時有發生，這是你們隨時都需要注意的人性因素。可是，究其本質而言，直覺卻恰恰是接取或吸收資訊的客觀方式，其客觀性並不在於將被觀察者完全置於自己之外（如科學所定義的客觀性），而恰恰在於與被觀察者融合在一起。這種「合二為一」並不是主觀的，而是超越個人的，亦即在超個人層面上與被觀察者連接在一起。

科學不承認這「超個人層面」的存在，因為現代科學一直堅守著唯物的世界觀。其基礎觀念是，存在的一切都是由微粒（原子及更小的微粒）組成的，它們構建了我們所瞭解的世界，因此，科學相信，藉由分析微小的物質粒子就能夠找到對於一切存在——也包括人類——的終極解釋。此假設本身並未得到驗證，它本是一種「工作假說」，然而隨著時間的推移，卻逐漸被當作神聖的真理，成了教條。

科學研究的諷刺性與悲劇性在於，它本來因「真誠的驚奇」而誕生，可是卻漸漸地制度化，時至今日，其種種特性都令人聯想到堡壘，不肯放棄其權力與地位的堡壘。頗具諷刺性的是，最初科學自己非常渴望從亦曾如此強大的天主教堡壘中解脫出來，此處，我們可以看到明顯的相似性，教會這一機構，扭曲了原始的基督能量，將基督帶來的訊息變成了奇怪、冷酷無情的「罪論」，使人備感恐懼與無力。這裡，我們也同樣看到，一種革新的能量最終因為個人利益、人與人之間的爭鬥及思想上的狹隘而遭到遏制與扭曲，那些僅僅認同唯物的世界觀，將其他所有觀點都判為迷信或落後的科學工作者，其實並不符合「科學工作者」這個詞的定義，並非真正的科學工作者，他們已成為理論家，不肯看到自己心目中的真理其實只是空中樓閣的教義學者；當初那個抵抗獨斷專制的父親、力爭自由的孩子，如今也成了無異於父親的人。

此處，我想補充一點，真正偉大的科學工作者（而非那些維持機構運轉的職員）自始至終都運用自己的直覺，無論他們是否意識到這一點都如此。那些真正備受啟迪，**質疑既有思維方式並為其帶來深刻改變的科學工作者，從不僅僅依賴觀察與思維，他們與內在那充滿想像力、易感的女性能量有著連結，並藉之獲得彷彿從天而降的洞見**，若他們運用自己的大腦思維認真研究這些洞見，並借助實驗工具來進行檢驗，就會發現，這些洞見不僅合理有效，還為舊有問題帶來了一線全新的陽光。

科學上的革新總是建基於兩性能量的合作。一個人之所以能夠成為傑出的科學工作者，絕不僅是因為此人具有超凡的理智及邏輯推理能力，而是因其獨立思考、另闢蹊徑，正如你們所說的「突破思維定式」的能力。事實上，在「突破思維定式」的這一刻，此科學工作者正以觀察者的身分與被觀察者建立起連結。他／她在開放、易感的狀態下觀察被觀察者，一種純然無私的興趣使其進入「空」的狀態，不帶一絲成見地調諧於自己想瞭解的事物。他／她的意識發生轉移，暫時與自己正在觀察的自然現象融為一體，藉由兩者間的一體性，靈感突降，就像你們所說的「靈光一現」。直覺為其帶來內在的知曉，接下來，他／她則運用自己的分析能力對之加以詮釋和建構。

問：一言以蔽之，抵制直覺上的、超個人層面的東西，抵制靈性的態度，往往是建基於教條主義。而與此同時，你也說我們（至少在西方國家）生活在一個自由的社會裡，在這裡我能夠安全地進行自己正在進行的工作。因此，科學的堡壘——當然它對教育界與醫療界也影響深重——還沒有強大到能夠阻止「異見者」（比如靈性治療師）隨心而行的程度？

對，本質上是不可能的。在回答每個人在其人生的重要時刻都會面對的根本問題時，科學的世界觀就顯得有些心有餘而力不足了，比如人生的意義與目的是什麼？如何與他人建立連結？如何彰顯自己最深的內在核心——自己的靈魂。科學知識永遠無法替代那每個人都在苦苦尋覓且缺之不可的「超個人聲音」，亦即與靈魂的連結。知識並非答案，成熟的女性能量能夠幫助人們發展出一種開放且精微的意識覺知，此意識覺知能夠藉由對內在世界的深度瞭解，以及對生命的愛來調諧於超個人層面，這是她能夠帶給這個世界的最大不同。將第三眼與心連接在一起，重新尊重觀察性的思維——**它將自己與他人緊密地連接在一起，藉由所感受到的一體性來獲得豐富自己、豐富他人的洞見**，這就是具療癒性的女性能量的力量。現在時機業已成熟，你們擁有彰顯這一力量的空間。

在生活與工作中運用這一女性能量的時候，你可能會遇到阻礙；不過，所遇到的阻礙往往是人們內在的痛苦及對這能量的陌生感，而非真的有什麼危險在威脅你。我之所以這樣說的原因是，地球上的集體意識正在發生轉變，因這一轉變，許多人的內心深處都對你——以及眾多與你志同道合的人——所能帶給大家的訊息與能量充滿渴望。

問：為了更好地瞭解直覺到底是什麼，療癒性的女性能量又是什麼，還有許多領域等待我們去征服。一方面，存在對此持排斥態度的懷疑論者，另一方面，在我眼中，也存在著許多對「超感知能力」、通靈傳導及替代療法的不成熟運用與展示。我的意思是，有時我覺得小小的靈修界實在令人窒息，各種奇奇怪怪的「療法」與推測成分很大的理論比比皆是。

後者並不僅限於靈修界，無論是男性能量還是女性能量，都有其不成熟的能量形式在運作，你在人性的各個面向都能夠看到這一點。科研領域、政治領域、管理界、教育界、企事業等，基於自我的、不平衡的能量無處不在，因此，僅就這一點來評判靈修界與替代療法是不公正的。

成熟的療癒性的女性能量，以及不平衡的女性能量，兩者都有展現自己，這其實是好事。你所進行的工作及對他人的影響被呈現在公眾面前，他人則需要運用自己的直覺與判斷能力。在一個自由的社會中，人們不會輕易地被有超感知能力的人及「假先知」欺騙或操縱，成為其受害者。「靈修」這個詞，其核心意義是發展自我覺知，以及獨立判斷什麼適合自己、什麼並不適合自己的能力。曾經過度信任某一不平衡的老師或治療師，這樣的經歷能夠助你瞭解什麼才是真正重要的，在這一點上摔了跟頭，那「易於聽從他人，不肯負起自己責任」的傾向會立刻暴露。這是一個療癒的過程，這聽起來或許有些奇怪，但靈性之路上的偏頗反而會在這一過程中助你一臂之力。

問：作為治療師、療癒者或解讀者，如何才能知道自己是否真在「基於心靈」地工作呢？正如你之前所說，直覺性的觀察被個人情緒影響，這很符合人性。那麼，如何才能知道自己是否受到情緒影響，且在何種情況下就已被情緒影響呢？作為靈性治療師又該如何對待這一影響呢？

首先，要**完全誠實地對待自己的人性**。你越深入基於心靈的意識覺知，就越會認識到自己的人性、自己的渺小，以及自身的恐懼，正是這種謙卑使你更適於成為他人的輔導者。如果你尚認為自己知道一些「必須」告訴他人的事情，那說明你依然還在自我與頭腦的層面上運作。頗具悖論性的是，當你覺得「我什麼都不知道」的時候，你才會成為真正的老師，因為只有那時你才會對超個人的愛、智慧與慈悲之流敞開自己。

問：我常常問自己，為什麼「通靈傳導」忽然就出現在我的人生之路上，為什麼與此有關的一切都備受滋養，彷彿種子落在豐腴的土壤裡。相對來說，我的傳導工作可以說是順風順水的。我感覺，我的靈魂帶著累累的創傷開始了這一生，我的最後一個前世——這是我在前世回溯中看到的——是在奧斯威辛比克瑙的毒氣室中結束的。那一世中，與兩個孩子的骨肉分離使我心碎，並導致了一種「精神上的死亡」，彷如一朵微弱的火苗被狂風吹滅，留下來的只是一片空蕩、一片荒蕪。其後果是，我根本不想輪迴，不想開始這一世的生活；不過，現在我有時會想，也許靈魂深處的破碎，讓我變得足夠「空」，也因此才能夠接收來自約書亞的訊息。是這樣嗎？

你內在核心處的空洞與碎裂也同時是你的「使命」與「天賦」，你的使命是帶著愛與自尊填補空洞、療癒碎裂。珍視生命的價值與珍視自身的價值，兩者息息相關，難以隔絕，你的使命即是重新找到你的自我價值、你的光，以及你對地球、對他人的愛。

因著內在的破碎，你發展出了對超個人層面敞開自己的天賦，因為你知道真正的答案正來自於哪裡，你知道除了來自源頭，來自一切萬有——或者你賦予其的任何稱呼——的愛與安全感，沒有任何方法能夠更好地填補心中的空洞，只有透過那個層面，你才能重建自己的核心。也因此，因著你所說的上一世，你內在出現了一股激進的力量；不過，在其他的若干前世中，你已經開始為這一轉捩點做準備。

問：儘管如此，我肯定還沒調諧於超個人層面，也肯定還沒脫離基於自我的能量。而且，我認為，大多數感覺自己被召喚，想要以某種方式說明他人的光之工作者，都處於從自我到心靈的轉變過程中。怎樣才能知道自己的所作所為足夠純淨呢？僅僅是透過認知自己的人性，知道自己也可能出錯，並在工作時明確地說明這一點嗎？

是的，在本質上確實如此。你那些依然受困於恐懼、評判或糾結的面向，自然會在你的生活中浮出水面。如果你隨順生命之流，以一顆開放之心觀察自己，覺察自己的反應與模式，你自然會變得越來越放鬆、越來越輕盈，你會越來越有意識覺知，不過並非藉由努力消除舊有的模式或恐懼，而是藉由誠實且溫柔地覺察它們。

當你已準備好在他人的前行之路上為其充當一段時間的嚮導時，你自然會知道。概括而言，以下幾點供你參考：

- 跟隨內心的願望，做能使自己深感喜悅的事。
- 無論你進行哪項工作，都要看到，你也是一個人，也會犯錯。
- 每個人都可以犯錯，不要因所犯的錯誤評判自己，請將其看作路標。
- 信任你的客戶的判斷能力。

問：彰顯自身女性能量的方式有多種，並不一定非得成為治療師或能量療癒者，對嗎？女性都可以透過哪些方式彰顯女性智慧呢？

任何方式都可以！如果你已敞開心靈，且根植於腹部，就與靈魂建立了連結，喜悅與靈感之流貫穿於你的生活之中，即便是在處境艱難、挫折不斷的時期亦如此。藉由你那獨特的靈魂之流，你會感受到哪種形式最適合自己，又能以何種方式將自己獨特的能量彰顯於這個世界。你無需為此而苦苦思索或去參加某一課程或工作坊，你所採取的形式是獨一無二的，它完全地、真正地屬於你。它會自行浮出水面。你最重要的任務是**信任自己，聆聽並敢於跟隨內心的呢喃**。如此這般，那充滿愛與善的超個人力量會在你的前行之路上自始至終地支持你、庇護你。

備受啟迪且強而有力的女性能夠活躍在社會的各個領域，為人們帶來積極正向的影響。她們的能量既獨立、富於創造性，又充滿了熱忱與慈悲。我的願望是，女性能夠運用自身的力量，且真正地體會到這是多麼美好。此外，她們能夠重新信任自己與地球母親之間的深度連結，自己傳遞生命的能力，以及自身所擁有的加強與維持「連接一切生物的合一之網」的天賦。在這個世界上，女性肩負著神聖的使命：一旦自我覺知被喚醒，她們能夠為療癒與修復你們物質實相中備受折磨與傷害的一切付出自己的一臂之力。一位覺醒的女性會踏上通往療癒的內在之路，她看到自身的陰影，與男性能量和解，於內在變得完整，她打開通往自己靈魂的門戶，與能夠觸動她、啟迪她、充滿愛與慈悲的超個人能量流建立連結。不僅如此，這來自一切萬有的超個人能量流也會觸動他人，也就是說，這位覺醒的女性亦會成為這個世界的愛之管道。

第七章　療癒男性創傷的三步驟

問：我們討論了女性能量的最高形式——第三眼與心相連，還有建基於直覺性的合一體驗，並以此為出發點為他人帶來愛、慈悲及鼓舞的女性智慧。那麼，最高形式的男性能量是什麼呢？男性智慧又是怎樣的？

男性能量的力量在於提供更宏大、更廣闊的視野。如果男性能量能夠提升至更高的層面，就能發揮其深入思考、沉靜洞察的特長，從而以更加寬廣、更有內涵的目光來看待各種事物。藉由這一男性化的洞察方式，你們能夠與事物保持一定的距離——而非沉入其中，並與那帶來明晰與自由的「思」與「知」的宇宙層面建立連結。距離帶來自由，如果你遇到正處於人生困境、倍感痛苦的人，你的女性直覺使你能夠深刻地感受到對方的感受與需求；而你內在的男性智慧則會後退一步，以不同的視角——**洞察困境的內涵與意義**的視角——看待此事。男性智慧也同樣建基於愛與慈悲，不過藉由這後退的一步，你能夠借助此智慧之流更快地看到事件的緣起，看到各個貌似互不相干的事件在更大格局中所具有的意義。

問：優秀的老師、靈性解讀者或療癒師會運用這兩種視野，或者說兩種「智慧之流」，而非只取其一，對嗎？

是的，確實如此，不過你們往往會傾向於其中的一個，然而，它們是無法單獨運作的。較傾向於男性能量的人也常常會調諧於受其幫助的人，也會運用自身的女性直覺來獲取有關對方的資訊；同樣，較傾向於女性能量的人也常常會感受到與某一宇宙視角的連結，由此更加清晰地洞察事件與情境的內涵與意義。對於成熟的靈性解讀者、治療師及輔導者而言，他們內在的兩性能量自然會變得越來越和諧，他們運作於心靈的層面，在此層面上，兩性能量的合作與共舞幾乎是自然而然之事。

問：我們之前已經討論過基於心靈的男性能量，以及認知與接納這一能量的重要性，尤其對女性而言更是如此。就是說，接納與擁抱內在的這一男性能量並不僅僅意味著設定邊界、敢於為自己挺身而出、敢於說不，這還涉及到與「男性智慧」的連結，亦即，保持適當距離進而能夠真正瞭解所面臨的情境。

保持距離、跳出事件之外看事物的能力是至關重要的，對於女性（或者女性能量極強的男性）而言更是如此。女性能量較強、高度敏感、同理心強且樂於助人的人，時時需要拉開距離以保持適當的視野，也就是說，此處存在著一個潛在的陷阱，主要藉由女性能量來彰顯自己的人，往往感到難以「接受」（相對於「給予」而言）、難以為自己挺身而出、難以說「不」。

若正處於從自我到心靈之過渡階段，他們心中往往還有著透過善待他人、幫助他人來獲得首肯的需求，共情與直覺等更高天賦依然與自卑、害怕受拒等基於自我的能量糾纏在一起，正是在這種情況下，會出現過度給予，以及與對方完全融合的陷阱，你可能納入對方的情緒，並因此而產生身體上的不適，甚或身心交瘁。恰恰在這種情況下，你需要借助男性能量來放下過度的同情，你需要與對方建立心靈層面上的溝通，並以此視角來洞察對方真正需要什麼。無論如何**這都不可能是毫無節制的同情與憐憫**，**男性智慧能夠助你重新將對方看作是一個自由、堅強、有能力自行解決問題的人**。藉由這一視角，你在說明他人的同時也幫助了自己；**你幫助對方與自身力量建立連結**，與此同時，你自己也卸下了不必要的負擔。

問：那麼，更認同於自身之男性能量的人呢？亦即那些男性能量很強的男性與女性？

對他們來說，陷阱更容易是**缺乏同理心**，對「人之常情」、微小、個體性的事物缺乏關注。一個男性能量很強，且正處於從自我到心靈之過渡階段的人，往往會有著強烈的掌控需求；遭遇困難與挫折之際，也更傾向於依賴頭腦的能量。他／她一般不會借助感受與直覺，而是試圖通過思考與分析來找到解決問題的方法，以這種態度幫助或輔導他人的話，對方可能會覺得，你並未真正地看到或聽到他們，而只是依照一般的理論與原則行事，並不關心他們獨一無二的處境。

此種情況下，檢視性的男性化思維並未與心靈、愛、慈悲建立足夠的連結，冷漠無情的態度亦會導致距離，因此，「距離」既可能是正向，也可能是負面的。最高形式的男性智慧能夠將「更大格局的宇宙視野」與「對單獨個體的感受」連接起來，不平衡的男性能量則會導致令人生寒的漠不關心與殘酷無情。

問：你最後提到的這一點是否為男性創傷的核心：緊閉之心，缺乏與整體的連結？

我們已經討論過女性創傷，亦即腹部的能量空洞，缺乏自我價值感，以及錯誤的「無我」形式；**男性的內在也同樣存在著能量創傷，它位於心部**。

回顧我們之前討論過的靈魂出生，或許你還記得，女性能量作為「母親」，難以放手自己的「孩子」——靈魂那與整體分離成為「我」的男性部分。這個孩子（靈魂的男性面向）將此看作是母親（女性面向）對自己的拒絕與否定，她試圖將他留在身邊的行為，在他眼中也成了限制自己的行動自由。此處衍生出一種男性傾向，亦即將女性能量看作是一種想要剝奪自己的自主權與獨立性，且終將吞噬自己或令自己窒息的力量，並因此對這一母性面向深懷恐懼，滿心抗拒。而與此同時，男性能量又非常渴望與女性能量建立連結，沒有她，他覺得自己並不完整。最高形式的「母性」代表著一切萬有，那個以充滿愛的形式將一切都連接在一起的「一體性」，沒有這一連結的話，你們會感到空虛寂寞，你們的心會日益枯萎，人生也變得毫無意義。與女性能量脫節，甚至背道而馳的男性能量便有可能陷入這種狀況，從宇宙視角來看，靈魂個體出生的那一刻，男性能量就陷入了一種激烈的內在衝突，一方面是分離、成為獨立個體的內在衝動，另一方面則是希望與整體、與母性之愛保持連結的強烈願望。

正如女性能量有自己的陰影面向（占有欲、操縱性與無力感），男性能量也有自己的陰影形式，主要表現為**「對自由的過度渴望」**，想要成為一個獨立的個體，「自由」對此非常有幫助，也是不可或缺的。然而，倘若對自由的追求主要表現為抗拒連結——無論何種形式的連結，**拒絕「給予」和「奉獻」**，**就會形成空泛單薄的自由**，並終將導致徹底的分離與隔絕，這時，蟄居內心深處的不僅是對「向他人敞開自己」的惶恐與懼怕，還有「與他人保持距離」的強烈渴望。這種形式的自由不僅不會帶來充實感，反而會導致一顆封閉之心，以及掏空你之靈魂的麻木不仁。本想成為「獨立的我」，然而卻退化成再也無法對「異己」持開放態度的「自我」，最初對自由的渴望最終變成了牢籠，自造的牢籠。

問：就是說會出現同理心及高度敏感的對立面？「封閉之心」是缺乏同理心、漠不關心、殘忍甚至攻擊性的溫床嗎？

確實有這種可能。**一顆封閉之心及缺乏感受力永遠不會為一個人帶來喜悅與充實感，隨之而來的則是「與生命本身日漸疏離」**，**其後果之一便是無比的焦慮**。想要消除這種焦慮，卻在精神上尚未變得成熟，不願向內走的話，便往往會做出失衡的行為。比如，一個人可能會為了獲得某種感受，或者為了能夠與某一人、事、物產生關聯而不斷地做出極端的行為，甚至有可能採取暴力手段。與自身感受相隔絕的人，其內在存在著一種空虛，這種空虛會導致極大的痛苦。

此外，還有性格柔和，不過因種種原因——比如幼年或前世的經歷與體驗——而與自己的內心及自身的感受失去連結的男性，雖然他們並未有意識地做此選擇，但也在某種程度上承繼了這一男性創傷。他們所感受到的空虛，可能會體現為孤獨盈心、陷入思維陷阱無法自拔、想要去感受卻心有餘而力不足，以及與自己的身體缺乏連結等情況。他們周身籠罩著一股憂鬱的氛圍，缺乏生命活力，缺乏靈感與啟迪，這是因為他們尚未與自己的心、與自己的靈魂建立充分的連結，儘管這本是他們心之所願。

問：如何才能走出這種情境呢？如何療癒男性創傷？

改善對女性能量的印象，與其重新建立連結，能夠幫助你們療癒這一創傷。舉例而言，一位男性，他感覺自己在關係中難以與對方建立情感層面上的連結，那麼，與內在女性——內在的女性能量——建立連結會對其大有幫助。

也許，因某種原因，比如害怕失去掌控權，並因此而變得脆弱，他對開誠布公地與對方交流自己的情緒與感受心有障礙，甚至是恐懼。這種情況下，最為重要的是，首先要誠實地面對自己的內在感受，允許它們存在，存在於自己的身體與心之中，不再因自己的情緒而不安，並允許自己擁有這些情緒，就會在關係中變得更加自信，更有力量。與自己的連結越深，就越容易做到「在不失去自己的情況下，在關係中敞開自己」。

與自身的女性能量建立連結，尤其要**重新去感受**。此處，思考與運作並非首要之重，更重要的是覺察內在升起的各種情緒，在沒有頭腦干涉的情況下**靜靜地覺察**，這需要勇氣與臣服。你可以將自己的情緒看作是來到你身邊，希望能被你看見、安慰與鼓勵的孩童，每個男性之內都居住著一個尚能自發地體驗與表達自身情緒的內在小孩，關鍵在於，與這個內在小孩重新建立連結。

有時，你們需要尋求他人的說明，與自己內在最深處的感受、自己的身體及內在小孩建立連結，能使你於核心層面上深受觸動。這種衝擊可能極其強烈，有排山倒海之勢，使你對湧上來的一切（暫時）關閉自己；這時，你可以聽從心的指引，選擇一位你能夠信任，願意對其敞開自己的人來幫助你。

問：就性體驗而言，一顆封閉之心對男性都有什麼影響呢？

帶著一顆封閉之心的性愛，即是與對方沒有情感溝通的性愛。首先，雙方中更為痛苦的是女性，因為她們與自身感受有著更為緊密的連結，若是性愛過程中缺乏真正的溝通，她們所體驗到的往往是痛苦。

女性彷彿更需要情感與精神上的溝通，而男性則更加注重欲望上的滿足；然而，這只是表像而已。本質上，男性也想要擁有感受層面上的溝通，不過他們（因為心靈上的創傷）並不一定總能意識到這一點。有時，他們也試圖借助性愛來建立心靈層面上的溝通，走近對方，然而，如果一個人感到難以從心出發、建立溝通，性愛是無法解決這個問題的。**性愛本身並不會打開你的心扉**。

問：怎樣才能打開心扉呢？

療癒男性能量需要三個步驟，這與我們前述的療癒女性能量的三步驟是相對應的：

(1)認知男性能量的陰影。
(2)與自己的內在女性（心靈）建立連結。
(3)彰顯更高的男性能量。

第一步：認知男性能量的陰影

男性陰影是男性能量中想要完全脫離一切萬有，而且「過度」追求獨立自主的那一部分。這種「獨立自主」不會為對方、為平等的連結與交流留下任何空間，對控制與檢查對方（人、動物或自然）有著強烈的需求，（親密）關係則充滿了爭鬥，「權力」是其唯一的詮釋與定義。非贏即輸，別無他選。

過度追求獨立自主，此行為背後的動機是對「母親」的恐懼與抗爭。

此男性面向認為，「母親」緊抓自己不放，自己必須要透過強烈（甚至暴力）的方式掙脫出來，完全走自己的路，才能爭取到自由。我之前說過，靈魂出生之際，男性能量代表著靈魂想要創造「個體性」的那一部分，為了能夠獲得成功，就必須從一切萬有中跨出一步，這一步會為初生靈魂的女性面向帶來創傷，她覺得自己遭到了遺棄。因這一創傷，女性能量想要以「母親」的身分與叛逆的孩子重建一體性，不過她所採取的方式卻是禁錮他，以操縱的方式與他建立連結，男性能量對此的反應則是抗拒與變得強硬。男性能量與女性能量之間出現了裂痕，兩者之間那自然的合作與互補也遭到了破壞，此裂痕（或者說破裂）存在於每個靈魂之中。每個靈魂在成長過程中都將以自己獨有的方式面對這一點，男性能量較強的人（他們既可能是男性，也可能是女性），其內心深處對自由與獨立充滿了嚮往，這一嚮往有時是如此地強烈，甚至可能會使其難以與他人建立深刻與充實的關係，也可能對女性能量心存不信任，並因此而難以在情緒與感受層面上對對方敞開自己，且難以與對方分享自己的痛苦與喜悅。

泛泛而言，其之所以不願意這樣做，主要原因是**害怕失去自己**，害怕失去掌控、失去邊界，或者害怕受拒。如果你深受男性陰影的影響，那麼，你可能會覺得「敞開心扉」對自己來說是一種致命的威脅，那一陰影面向告訴你說，脆弱意味著失敗，這無異於放棄獨立自主的權利，那樣的話你就輸了，所以，千萬不要這樣做。

這種封閉的態度使你與他人的關係變得既匱乏又膚淺，不僅如此，如果你也因此而失去與自己的連結，還會出現更大的問題。如果你與自己的感受脫節，無法允許內在那些諸如恐懼、憂傷或憤怒等情緒進入自己的意識層面，就會使自己與生命本身隔絕，**系統地壓抑自身的感受與情緒，久而久之，可能會導致一種容易讓人錯以為是「獨立自主」的內在空洞**，彷彿再也沒有什麼能夠觸動你。這貌似自由與獨立，事實上卻並非如此，這種空泛的自由——拒絕選取，僅是拒絕——會使你的心、你的感受日漸枯竭，而它們卻是將你與生命連接在一起的橋梁。一直這樣下去的話，則有可能變成不會笑、不會享受、不會哭泣或不懂珍愛的行屍走肉。

問：那樣的話，是否也會陷入憂鬱？我感覺自己的女性陰影多於男性陰影，估計是感受「過多」而非「過少」，因此對你所描述的這種情形，難以感同身受。不過，幾年前，我深陷憂鬱症的時候，也感覺自己彷如行屍走肉，比如那時我甚至失去了哭泣的能力，這讓我沮喪不已，彷彿內在已經荒蕪一片，毫無生機可言。男性陰影會導致這種情況嗎？

缺乏溝通，感受枯竭，這確實會導致憂鬱，不過「憂鬱」這個詞含義比較廣泛，會表現為各種不同的形式，比如較為消極被動的形式，陷入此種憂鬱的人處於一種麻木、情緒低落、失去感受能力、與他人及周遭世界日漸隔絕的狀態；不過，也存在著較為活躍的憂鬱形式，陷入此類憂鬱的人，心中充滿焦慮與不安，若這種焦慮與不安日益增強，則可能會導致憤怒與攻擊性的爆發。

與自己及他人缺乏有意義的連結，再加上所處環境的影響，可能會導致仇恨與殘忍的行為。如果這樣的人同時認為自己是外在權威力量——比如其他的信仰團體、種族或國家——的受害者，他們就有可能奮起對抗這些力量，並虔誠地相信，如果打敗了對方，自己的內在問題就會獲得解決。在「聖戰」名義下，他們願意付出一切，甚至自己的生命。

問：你指的是恐怖主義嗎？

是的。不過，人類歷史上，極端的暴力行為並不鮮見，漫漫歷史長河中，各種戰爭的硝煙中，它們無處不在。最危險的組合是：一顆封閉的心，而且不肯對此負起自己的責任，如果把錯誤歸咎於他人或者某個團體，就有理由去爭鬥，並以這種方式使自己內心的空虛暫時獲得緩解。那時，或許此人會覺得自己為人生賦予了意義，然而，這種情況下，任何勝利都無法為其帶來喜悅。其根本態度並未改變，依然是：人生就是不停的戰鬥，非贏即輸，此乃「極致」的男性陰影，充實感或幸福感不會從中生出，其極端形式更會導致死亡與毀滅，導致對人性，對慈悲的輕蔑。

長久以來，此男性陰影一直與人類形影相隨，不過，如今越來越多的男性與女性開始有意識地放下這一陰影。對於人類整體而言，尤其重要的是，看到兩性能量在本質上完全能夠很好地合作與共舞，而且兩者皆能在心靈層面上為整體貢獻出珍貴的力量。兩者之間的抗爭必須休止，具體而言，女性要放下男性在自己心目中那舊有的敵對形象，重新認知自己及所有男性所攜帶的基於心靈的男性能量；同樣地，男性也要放下女性在自己心目中那舊有的敵對形象，亦即女性能量運用操縱力來剝奪其自由與活力的形象。不要忘了，這些形象依然存在於男性心理之中，影響著他們與母親、伴侶和女兒的關係。

對基於心靈的女性能量的真正瞭解——首先對自身這一能量的瞭解，能夠消除他們對女性陰影的恐懼。對於男性而言，內在的女性能量是不可或缺的，藉由自身的女性能量，他們能夠與自己的靈魂重建連結。對他們來說，至關重要的是，**體驗到自己在無需放棄自由與個體性的情況下，也能夠與女性能量建立連結**。

那麼，我們就來到了第二步。

第二步：與內在女性（心靈）建立連結

療癒男性能量，至關重要的是男性走向自己的內在女性，與其相遇，這是他們內在能夠感受、充滿直覺、想與他人建立基於愛的連結的那部分。內在女性代表著靈魂的女性面向，允許她進入你之覺知與感受的話，她會助你敞開心靈，並鼓勵你**不再過度地運用頭腦去掌控**。

此處，我想特別提一下那些正在經歷從自我到心靈之過渡的男性，因為這本書也是為他們而寫，這些男性很願意為自己的陰影負起責任，直視自己的內在空洞。關於這一陰影，你可以試著這樣做：**靜靜地坐著**，**與自己的身體建立連結**，尤其要認真地感受一下自己的**雙腿**與**雙腳**，緩緩地深呼吸，**腹式呼吸**，然後開始**觀想：一片陰影出現在你的內在視覺中，它攜帶著關於你之心靈創傷從何而來的資訊**。陰影中佇立著一個**教導你「作為一個男人必須做到什麼」的身影**，他來自於過去，或許他看上去有些像你的父親、老師或其他某個權威。放空頭腦，然後請這個身影從陰影中走出來，讓你清楚地看到他，他並不一定是你認識的人，也可能是某個幻想形象，或是一個動物。仔細觀察他所散發出的能量，或許他也在向你傳遞某些訊息，他是否怒氣衝衝？是否相當嚴厲？是否充滿恐懼或戒意？你要看到，他用有關「男子氣概」的虛假形象影響了你，你接納與內化了這些形象，心靈創傷亦因此而生。

現在，**觀想你的心中居住著一個孩童**，儘管這些虛假觀念不斷侵入，但他依然保持著純真，依然充滿了自發性。請他走出來，站在你的面前，你在他身上看到了什麼？他心中有何感受？他能夠為人們帶來什麼？又有什麼能為他帶來真正的喜悅與充實？想像你向他伸出手，對他負起責任，成為他的父親與保護者。你將他帶出陰影，脫離你剛剛看到的那個形象的影響，這會打開你的心扉，你也因此而更加瞭解自己真正是誰。

與自身的女性能量建立連結的過程中，或遲或早，男性都要面對自己那些與母親有關的情緒與感受。對孩子而言，母親在其面前所展示的，是其人生中第一個女性能量的形象，當你逐漸長大，進入青春期後，母親對你追求獨立的渴望做出了怎樣的反應？你是否覺得她有賦予你一定的空間，並以充滿興趣與愛的目光看著你成長與綻放？或許，你的母親也於內在經歷過陰影的影響，正如其他所有的女性一樣。至關重要的是，不要因此而任你對女性能量的大體印象受到扭曲。你的靈魂攜帶著獨立於這一陰影，基於心靈的女性能量，你可以將她想像成一直與你同在，以溫柔與愛擁抱你的內在形象，請允許自己接納這一女性能量，允許它填補你的心。藉由接納她，你那更高的男性能量會被啟動，你也會覺得自己更加完整。

對於男性而言，越接納自身的柔和與溫軟，就會越加信任自己的直覺，不再受錮於頭腦。他自身的女性能量所攜帶的溫暖，那富於滋養性、連線性與呵護性的溫暖，會帶給他歸家的感覺，他也會自內而外地打開心扉。

不僅如此，這也會為他與女性的關係帶來積極正面的影響。心有創傷的敏感男性，可能會因對內在之「空」與「冷」的知覺，而於內心深處渴望女性的溫柔與呵護；然而，如果他不知道該如何借助自己的心靈能量來消除這種「空」與「冷」，這一渴望可能會染上絕望的色彩，對女性的嚮往也可能會變得做作不自然，甚或帶有強迫性或乞求性。這不會成為遇見一位女性，或與一位女性建立關係的良好基礎，而且，如果他試圖藉由外在的某位女性來療癒自己心中的創傷，自己不負起責任，就可能會吸引來因自身無力感與陰影而濫用其情感依賴的女性，這種情況下，他可能會在關係中失去自己，他不僅未能獲得自己所渴望的女性能量，自身的男性能量最終也會受到傷害，因為他允許自己的邊界被侵犯，未對自己保持忠誠。**借助他人的能量來消除自己內在的空洞，最終會使人遠離自己的內在核心**。

接納自身女性能量的另一個方法是，運用我前面提到的方法，時時與自己那充滿自發性的內在小孩建立連結。這很簡單，**日常生活中，如果你需要做出某一選擇或決定，無論大小，都與內在小孩溝通一下**，看看他／她有什麼想法，他或她的自發反應是什麼？藉由走向內在，有意識地用心去感受內在小孩的想法，你會以完全不同的目光看待自己不斷做出的各種選擇。這會啟動某一種能夠為你，以及你與他人的關係，帶來巨大改變的內在過程。

問：你之前說過，封閉之心是系統性壓抑自身感受的結果。不過，只要一個人還在主動壓抑自己的感受，就說明這些感受猶在，而且相較於「幾乎毫無感受」的情形而言，允許自身感受浮出水面還不是那麼難。記得有那麼幾次，來我工作室的男性對我說非常想與自己的感受建立連結，但就是做不到，他們不知道該怎樣做。比如，他們的生活過得相當不錯，不乏各種美好的事物，可是他們卻無法真正地享受，他們非常

想享受，卻心有餘而力不足。

我想問的是，「再也不願感受」與「再也不能感受」兩者是不同的，如何解決「再也不能感受」這一問題呢？

再也無法感受（缺乏溝通、空虛、憂鬱、孤獨）是否認內在情緒這一漫長過程的最後階段，其實也是我時時提起的男性心靈創傷。作為靈魂，你們已在地球上輪迴過多次，你們所攜帶的能量並不僅僅來自於這一生的教育與教導，也來自於眾多前世，以及有關兩性能量的集體信念。因此，非常有可能，一位年輕男性在這一生並未遭受到什麼創傷，卻有一顆封閉之心及嚴重的行為問題。

男性的心靈創傷並不輕於女性的腹部創傷，影響同樣深重，也因此，認知與瞭解這一創傷非常重要。我認為，沒有認知與療癒這一創傷的話，戰爭、環境汙染、貧困等世界性問題是無法獲得解決的。人們可以在頭腦層面上不斷地思考，比如策略、分析及新技術等，但是，沒有一顆開放之心，一顆能夠感受與體驗自己與一切生物之連結的開放之心，就缺少真正做出改變的根本動機。而如果背後還有「人生就是一場眾生相伐的戰鬥，我只能孤身作戰，非贏即輸」的陰影想法在起作用，那些舊有的習性反應就會一直持續下去。只有認知與超越這一陰影，改變才有可能發生。

你問該如何做，我對此的回答是：改變會自下而上地發生，藉由越來越多男性那已經敞開的心靈，他們將成為新一代（青年）男性的父親，這些男性越來越認為，以一顆開放之心生活本是理所當然之事，這一過程需要時間，不過序幕業已拉開。人們越有覺知，這一過程進行得就越快。

來你工作室詢問「我想與自己的感受建立更深的連結，卻不知該如何做」的人，已經於內在領域邁出了不止一步。他們看到了與自身感受建立連結的重要性，這意味著，他們已將關於男性特質的虛假形象置於一邊，這是決定性的一步。然而，縱使一個人已在精神上從舊有陰影中解脫出來，其靈魂，那經歷了生生世世，被諸多前世經歷浸染與塑造的古老靈魂，還需要時間來療癒其所遭受的深度創傷與痛苦。

請給自己時間，尤其是空間，接納本然的自己。即便你只是偶爾地向前邁出一小步，也沒有什麼不好。催促自己或自責進步緩慢，這樣做沒有任何意義，甚至還會起反作用。提醒自己，讓自己看到基於心靈的意識覺知所具有的柔和與溫軟，你越接納本然的自己，就越容易被帶入心靈之流。隨著你越來越放鬆，越來越感到安全，你的感受之門也會自行開啟，女性能量會回到你之內，因為她本就是你的一部分，是你靈魂的一部分。

第三步：彰顯更高的男性能量

隨著男性日漸敞開心靈，重建內在兩性能量的平衡，他們也會越來越得到靈魂的鼓舞與啟迪，他們的智慧與洞察天賦——前面提到過這是男性能量的更高面向，也會日益顯化。至於具體是如何顯化的，則因人而異，重要的是，男性越來越關注能夠填補心靈、滋育心靈、帶來喜悅與連結的東西。

停留在自我層面上的人，其目標主要是成就、權力與他人的首肯，他們內心深處蟄居著一種恐懼，亦即**害怕本然的自己不夠好**，無論男性還是女性皆如此。對於男性能量過強的人，這種恐懼可能會導致證明自己、誇大自己以達成所願的強烈需求，其不斷誇大自己的形象，否認真實的自己，用成就、財富或權力來填充內在的空虛。不過，那種「也算是個人物」的感覺，以及成就或權力所帶來的興奮總是暫時的，內在的空虛時時探出頭來，使其心神不定，或者感覺一切都毫無意義。此乃靈魂的叩門聲，越真切地感受到成就或財富並不能帶來自己真正所需要的，就越會對靈魂的呼喚敞開心扉。

不過，你首先會進入過渡階段，在這一階段，你不再那麼肯定與確信，甚或被切身體會到的空虛與無意義感壓倒。這是一個極其關鍵的階段，自我已無法使你滿足，而你尚未與自己的靈魂建立足夠的連結，以能找到新的方向。事實上，許多男性正處於這一階段，他們已經發展到一定程度，能夠於內在感受到來自其他事物的呼喚，那些比外在成就更為重要的事物。只是，他們不知道下一步該如何走。

在你們所生活的世界，尤其是一些「先進的」西方國家，靈性修習彷彿是禁忌，這對這些男性而言，不會有任何助益。以自我為出發點的生活（恐懼、爭鬥與競爭）頗具限制性，恰恰是體驗到這一限制性的男性才強烈渴望與自己的內在（亦即自己的核心）、自己的靈魂建立連結。若否認這一需求與渴望的存在，像對待中世紀迷信思想那樣排斥它，就會偏離通往「來自內心深處啟迪」的道途。心靈將人們提升至超越自身個體性的層面，助人們與更大的整體建立連結，男性的心靈是他們通往感受與直覺的門戶，一旦他們走入這一領域，就會體驗到與自己、自身感受、妻子、子女及朋友之間更深的溝通。這種溝通與連結為人生賦予意義，使人生變得更加充實。

男性所需要的，為人生賦予意義的真正管道是：**與自己、與他人那富於生機與活力的溝通與連結**。當代藝術、音樂或文學所呈現出的疏離、虛無主義及超現實主義，都是匱乏在吶喊，我的意思是，「有意義的溝通」的匱乏，缺乏溝通，缺乏心與心的交流，是這一時期最為嚴重的問題之一。這並不僅僅是一些人的個人問題，而是涉及到這個社會的所有領域。

建立真正的溝通意味著，**對對方的個體性持真正開放的態度**，你對對方的靈魂敞開自己，只有承認人生並不僅僅是「自我」之間為了生存而進行的爭鬥，這種形式的溝通才會成為可能。上述這種憤世嫉俗的人生觀源自於在分離之路上走得過遠的男性能量，它阻礙了真正的溝通，只有有關「一體性」的看法重獲空間，人們意識到萬物相連，共同構成一個整體，基於心靈的意識覺知才會真正地進入人類，進入你們的社會。因此，人們需要一種「新靈性」，它能幫助人們感受到這種一體性；與此同時，亦不會陷入規則、教條或說教的陷阱。

正處於從自我到心靈之意識過渡的男性與女性是這一「新靈性」的締造者，它將成為符合地球實相、更具人性的靈性，它堅定地立足於生活之中，將男性能量與女性能量的更高連線導向起來。

療癒男性創傷的第三步是，**啟動自己內在更高的男性能量**。每個人彰顯自身靈魂能量的方式都是獨一無二的，也不存在「靈性職業」與「非靈性職業」之分，這種區分是舊有的想法。**只要你體驗到啟迪與喜悅，受到它們的滋育，你所做的就是靈性的**，如果你隨順靈魂之流而行，就會感到自己被微微提起，不再深陷於物質實相那沉重的能量層中，也就是說，你無需再為了自己的目標而抗爭或戰鬥，你是被承載的，即便你依然需要面對內在舊有的痛苦或負面能量，只要你選擇從心而行，就會獲得幫助。

這一幫助主要來自於你的內在：你允許自己的靈魂來施展「魔力」，為你吸引來日常生活中所需要的東西，此外，還有來自「整體」的幫助。如若感受到自己與更大整體之間的連結，你會更容易地放下掌控的願望與行為，這時，宇宙就能夠帶你踏上全新的歷險之旅。

問：敞開心扉的話，男性也更能在靈魂層面上與子女建立連結。對於「為人父」而言，彰顯更高的男性能量，其意義何在？

意義深廣！母親在撫養子女方面長期扮演著主導性的角色，父親陪伴子女的時間相對比較少，抑或常常以權威及命令的方式與子女共處，這兩種情況都缺乏與子女靈魂層面上的連結，其結果是，不僅子女因此而受苦，父親也失去了借助子女之獨特品質來轉化自己，對新意識敞開心靈的機會。子女也一直是父母的老師，他們在人生初期需要父母，年幼的他們在身體與情感層面上的依賴性，必須得到誠正的對待。母親扮演著照顧與呵護子女的角色，她看到子女的脆弱，想要保護他／她，使其安全地成長；父親也擁有呵護與保護子女的能量，不過相較於母親而言，其與子女之間的距離更大一些，也正是因此，他在幫助子女變得成熟這一點上，能夠發揮更大的作用。

藉由偶爾任子女跌倒，讓其自己去面對，並發揮運用自身的能力與力量，父性能量更能激發子女的獨立性，這種愛對子女而言是不可或缺的，這使他或她變得更有自信。想要帶給子女這樣的父愛，首先要與子女建立情感層面上的連結，**以自己的既有觀念為出發點來強迫或命令子女，乃是忽視與否定子女自身的獨特性，阻礙他或她做真正的自己**。

我想強調一下，對於男性而言，以一顆開放之心對待子女，帶著全然的愛參與他們的成長過程、他們所面對的兩難困境及他們的選擇，會產生療癒自己、療癒心靈創傷的直接作用。最初，子女對父親有著全然的信任，他們依賴父親，在最初的人生階段將父親看做是自己的領導者。請擔負起「領導者」這一責任，不過並非藉由盲目地制定各種規則，或者越俎代庖替子女做決定，而是**幫助他們看到自己那做出抉擇、迎接挑戰、建立自信的能力**。你那顆父親之心充滿了愛，請信任它，引導子女的時候，請跟隨自己的感受，調諧於他們的真實本質、靈魂、個體性，尊重他們對自由、對新事物的渴望。

你於內在也深知這一渴望，或許你會因此而發現，你在生活中已經壓抑自身的獨創性及對新事物的渴望。照顧與保護子女的過程中，或許你會發現，自己內在也有一個未能全然表達自己的孩童，鼓勵子女建立自信、堅信自己的獨特之路，這樣做，你也能夠幫助自己的內在小孩卸下舊有負擔，這一邀請來自於你的子女，這是他們帶給你的禮物之一。「為人父」並非單行道，不僅子女需要父親的關注、參與與陪伴，父親也需要子女所展現出的獨創性與純真，這會助他重新發現自己，敞開心靈。

第八章 心靈層面的性

問：如果男性與自身的女性能量建立連結，女性與自身的男性能量建立連結，他們是否會雙性化，或者說中性化？兩性之間的對立性，甚至是吸引力是否也會隨之消失？

如果男性與自身的女性能量、女性與自身的男性能量建立起連結，他們會更加依循靈魂的願望而行，自身也會變得更加完整，因此，他們之間的相遇將是靈魂與靈魂的相遇。你問這是否會減弱兩性之間的吸引力，我的回答是，他們之間的吸引力將會因此而獲得轉化。

單純就身體與本能之層面而言，每個人都有性欲，需要藉由性行為來獲得滿足，這種驅動力是最基本的本能，並未個體化。也就是說，在這一層面上，你並未愛上某一特定的人，不過生理欲望使你產生性需求，正如你對飲食和睡眠的需求一樣。

接下來則是情感的層面。你渴望與他人建立連結，渴望愛、慰藉、鼓勵與友誼，而如果這些情感上的需求與天生的性需求有著一定的連結，就會出現「定向」的愛情，你不再只是想要進行性行為以滿足自己的性需求，而是想與某個喚起你之性欲、強烈吸引你的人在一起。相較於前者而言，這種吸引力處於較高的階段，因為你在情感層面上也受到了觸動，尋求超越生理需求的親密與連結。

不過，你尚未進入心靈的層面。**當你愛上一個人，卻尚未覺察與認知自己內在的陰影時，你往往會感受到來自對方的強烈吸引，而且心中懷有對方能夠以某種方式拯救自己，使自己獲得解脫的希望**。你攜帶著自己並不理解的內在之痛，而且，與對方在一起時所體驗到的愉悅與極樂也使你更加確信這就是屬於自己的路；然而，一段時間後，你會發現，對方並無法消除你的內在之痛。

未喚醒自身男性能量的女性，會陷入典型的女性陷阱；與自身之女性面向缺乏連結的男性則會呈現出典型的男性陰影特性。隨著時間的推移，雙方之間最初那強烈的吸引最終會演變成勞燕分飛、悲劇甚或互相之間的指責。此時也往往會出現典型的「金星—火星之對立」（「男人來自火星，女人來自金星」的說法），彷彿男性與女性來自於不同的星球，幾乎毫無何相似之處。

將充滿強烈吸引與排斥的遊戲看作是「真愛」，此乃誤解，甚至是極大的誤解，這是不成熟的愛，它所帶給你的，遠不及真正充實的愛情關係在靈魂層面上所能帶給你的一切。初墜愛河之際，相互之間的吸引力確實非常強烈，然而，這種渴望之火狂野不羈，它所做的是「燒毀」而非「帶來溫暖」。儘管如此，這種相遇往往是內在成長與覺悟的開端，即便結局是曲終人散亦如此，它將你帶出「舒適區」，且不管怎樣都能為你帶來變化與更新。最重要的是，它讓你看到「自我認知」及「對自身陰影負起責任」的必要性。

而基於心靈的關係，雙方之間最根本的吸引力是靈性的，其次才是身體與情感層面上的。**「靈性吸引力」**的意思是，關係雙方在靈魂層面上認出了彼此，這種形式的連結是一種能夠開啟一切的深度體驗，亦如**藉由他人回到自己的內在核心**。透過他人的雙眼，你**更清楚地看到自己的內在之光，從而更加接近真正的自己**。對方幫助你走近真正的自己，更加愛自己，他或她敬重本真的你——你那獨特的靈魂能量。相對於僅以身體及情感層面上的吸引力為基礎的關係，基於心靈的關係不去填補各種各樣的空洞，也因此不會導致相互之間的依賴。當然，對方不在身邊時，你會對其充滿思念，不過維持這段關係的並不是「匱乏性需求」，而是喜悅，因為關係雙方都知道自己於內在是完整的，所以兩人能夠真正地互相給予。其背後既不存在隱而不宣的動機，也不存在權力需求。

基於心靈的關係是靈魂與靈魂之間的關係，其特徵是在一起時的喜悅，願意設身處地地為對方著想，發自內心地尊重對方，如其本然的樣子。在情感層面上，這種關係極具療癒性，因為你感覺對方了知真正的你，你們的關係為你的人生帶來了安寧與穩定；也因此，無論在這段關係中，還是在社會上，你都能夠越來越顯著地彰顯自己的靈魂能量。而成長並綻放於這段關係中的愛，也會感染這個世界、感染他人，你們對彼此的愛會溢入地球實相，在這個世界中結出豐盛的果實。

這種靈魂關係中，在純粹的生理層面上，你們依然保持著男性或女性的身分；在情感層面上，你們的性別也依然影響著你們對各種事物的體驗與反應，也就是說，你依然是一位女性或男性，只不過這一生理極性（有時也是情感極性）會成為愉悅與豐盛的源泉，而非爭鬥與疏離的根源。當對方展示出自身的某些「男性習慣」或「女性習慣」時，你們能夠會心地展顏一笑；不僅如此，你們也對對方與生俱來的「男性特質」或「女性特質」心存敬佩。在基於心靈的關係中，男女雙方的互動被提升至更加輕鬆自在的嶄新層面。

問：這對性愛有什麼影響呢？

這取決於關係雙方對性愛的態度。許多人在性體驗上都受到過傷害，男性與女性在彼此心目中依然存留著舊有的「敵對形象」；此外，還可能存在著性虐待所留下的創傷，而且這並不一定僅來自於當前這一生。對於性愛，你們往往感到羞恥且缺乏開放的態度，將性愛看作是愉悅的源泉且可以喜悅地體驗性愛，這想法與你們自小到大所受到的傳統文化薰陶大相徑庭。如今，雖說人們的性開放程度遠大於從前，可是，又有多少男性或女性對自己的身體與性渴望真正地感到自在呢？

進入基於靈魂的關係，並不會魔術般地解決這些問題，不過，這樣的關係為伴侶之間的相互尊重與信任提供了溫床，為他們逐漸放下這一領域的舊痛、恐懼與不確定感創造了機會。**關係雙方越放鬆，敢於臣服於對方，性愛就會變得越加輕鬆與愉悅**，如果性欲與性渴望不再被視作禁忌，人們可以坦承自己對性的自然嚮往，那麼性欲與性渴望反而會減弱，不再是性愛的主宰因素。這是因為，禁止一項事物反而會放大它，賦予其變得罪惡與墮落的機會。**如果你能夠接納自身的欲望，將其視為生命之流，你會發現，你想要的並不僅僅是對性欲的滿足，你想要與對方建立溝通，想要感受對方的本質，感受與對方的親密**。欲望並不會因此而消退，而是與對相互溝通的嚮往相伴而行，重點在於，為性能量的流動賦予空間，且同時保持與對方的內在連結。如此這般，你們不僅在腹部層面上彼此相連，在心靈層面上亦如此。此乃充滿靈性的性愛，在身體與精神層面上充實你，滋育你的性愛。

問：這聽起來很美，不過真正實行起來，卻不是那麼容易。

當然。不過你要放下各種各樣的理想願景，允許自己去探索、去實踐，不要期待完美。對於女性（以及女性能量較強的男性）而言，重要的是，首先**接納自身的欲望**，將其看作是流動於自己身體之內的能量。

性欲曾被看作是禁忌，不斷否認與譴責自己在這一方面的渴望與欲望的話，終會為自己帶來沉重的打擊。事實上，**性欲之中也蟄居著生命活力與生命渴望**，**性愛並不等同於性行為**，**而是遠大於它**。性能量是蟄居於**海底輪**的生命能量，它能夠以各種不同的形式彰顯自己，比如色欲、廣義上的享受、創造力，以及靈性與直覺之流，這是能夠在諸多層面上表達自己的生命之火。無法體驗到欲望與興奮的女性往往並未安居於自己的身體，也往往難以與自身的創造力及生命喜悅建立溝通。此處，腹部空洞的問題非常明顯，一目了然。

女性，尤其是那些從上述描述中看到自己的女性，我對她們的建議是：**與伴侶進行性行為時，最好先專注於自身的愉悅，自內而外地深入感受自己內心的希望，坦然地設定界線，暫時以自己的享受為先**。這些女性天生便已頗具同理心，對她們來說，更重要的是以自己為中心，而非將全部注意力都集中在對方身上，隨著她們越來越安住於自己的內在根基，對自身的性能量越來越感到自在，這也會自然而然地發生。

對於男性（以及男性能量較強的女性）而言，可以說，恰恰相反。他們往往更容易感受到自身的欲望，對他們來說，更重要的是**引導自身的性能量**，若不關注與引導自身的性能量，而是受其主宰，這會在與對方建立心靈連結的道途上，成為不可忽視的絆腳石。受制於性欲的人，其所體驗到的性愛品質會降低，生命能量——本可以運用於創造或靈性領域的生命能量——也會離其而去。

想要駕馭這熊熊之火，與自身的女性能量建立溝通是必須之舉，瞭解自身感受且安住於心的男性，如果他愛上了某個人，就會對其滿心愛慕，滿心溫柔，出於敬重，他會讓自身的性欲為愛侶服務，而這恰恰會使他在性愛中感受到前所未有的激情與熱烈。一旦肉欲與心靈上的溝通結合在一起，性愛體驗會觸及身體的每個細胞，使人整體獲得提升，相較於僅是為了滿足肉欲而言，會使人更加感到圓滿。藉由心靈層面上的溝通，身體被提升至更高的振動頻率，性愛雙方會感覺更輕盈，更具流動性，雙方之間的分界也變得更加模糊。

正處於從自我到心靈之過渡階段的人，無論男性還是女性，都尋求靈魂層面上的溝通與連結。靈魂層面上的連結並非「無性的」，兩性能量在成熟人格中的整合，會使此人更為雙性化，但並不會使其變成「無性的」；事實往往恰恰相反，越增強與自身靈魂之間的溝通與連結，就越能開放、自由地去愛。在某種程度上，「靈性連結」在你們耳中聽起來並不性感，可是，還有什麼比「與對方的內在精髓緊密相連」更性感的呢？真的，靈魂是愉悅的最深源泉，身體是其外延，如果身體受到了靈魂之流的感染，你會在更深的層面上享受愉悅，你會感到這就是愛。

問：死後呢？脫下肉身皮囊後，彼岸世界是否也存在男性與女性這樣的極性？靈魂在那裡是否也會體驗到某種形式的性愛？或者說，靈魂在那裡是否覺得自己是一個「有性的個體」呢？

「彼岸」存在著諸多的次元，有些次元與地球次元非常相像。這並不是說一個人死亡之後會立刻成為自己的靈魂，並放下一切人性，這種情況雖有發生，但屬於例外，而非常規；大部分人在死去後還會體驗到某種形式的性愛，比如感受到來自異性的吸引力。泛泛而言，一個人死後，其眼中的自身形象依然是一位男性或女性，人死後會化作星光體或能量體的形態，相較於地球上的肉身，它更具流動性與可變性，會隨心境與意識的變化而變化，其心中會感覺自己與某一性別的連結較為強烈，亦即，其感覺這一性別屬於自己，覺得此性別的肉身適合自己，對自己來說再自然不過了。在本質層面上，靈魂並不僅僅局限於兩種性別之中的一個，不過，因為多次輪迴，靈魂可能會逐漸發展出一種偏好，偏好男性或女性肉身，也因此，在靈魂層面上，也存在著一種「有性狀態」，在「彼岸」是能夠體驗這種狀態的。

以能量體的形態進行性互動，這是極其自然、分外美好的。這一過程中，兩個能量場逐漸融入彼此，以極其精微的方式影響彼此，它們完全地融合，並不存在肉身之間那種堅固的界線，這會帶來一種極樂感，與一切萬有，與源頭之間的連接感，這是大家都想要體驗的，然而無異於地球次元，越過死亡之蒹葭水岸後，彼岸世界也存在著牽制與阻礙，恐懼與遲疑可能並未完全消失，依然難以對對方完全敞開。因此，並不是說，彼岸世界的性體驗就一定是更加美好的。

問：想到靈魂層面上的性愛，我看到的是，兩個能量場，五彩繽紛的能量場，在共舞中逐漸融合在一起，而且在兩個能量場的中部（可能是心），我能感覺到兩個靈魂完全地合為一體。實現融合的那一刻，一種「神之觸碰」相應而現，這讓人意識到自己正是某一更大整體，充滿愛與智慧的整體的一個組成部分。

是的。性愛中蘊藏著一種神祕的寓意，在心靈層面上與對方合二為一，你會擴展自己的空間，放下自身的界線。你與對方相遇，在敞開自己的狀態下，你也會體驗到某一驅動你們，將你們雙方含納在內的更大整體。藉由透過對方來體驗一切萬有，體驗這一偉大整體，你會被「點化」，這就是性愛的祕密。藉由臣服於對方，建立心靈層面上的連結，你能夠暫時放下自己，向對方敞開自己，如其本然的樣子。在這種敞開的狀態下，不僅對方能夠進入你的世界，你們還會共同創造出一種更大的東西：你的靈魂被啟動，你的心靈也被某一極其原始古老的振動所觸動。由此，你更加接近真實的自己，成為更大的自己。

在性愛過程中暫時「失去自己」會助你與自己的靈魂建立更深的連結，對方即是通往這個更深連結的門戶。他／她那獨特的能量，以及你對他／她的愛，會摧毀你在自己周圍建起的保護牆，撼動你人格中那些剛性頑固的部分，使你能夠做到臣服。墜入愛河時，你所感受到的脆弱，正是你所能體驗到的最強大力量之一。你的自我保護機制變得異常敏銳，而與此同時，卻有某一種古老力量將之擊碎，使你完全敞開，變得脆弱，**這一脆弱是走向愛的第一步**，墜入愛河，並被對方深深吸引之時，你是無法繼續掌控一切的。性愛所具有的「突破與超越疆界」的面向，或者說是「特質」，使其能夠成為通往「神祕點化」的門戶。你透過對方接受點化，進入自己靈魂之神祕疆域。

問：這只能借助對方、借助性愛嗎？還是也能藉由其他方式，比如靜坐冥想、內省與覺醒？換言之，是否能夠不借助他人，僅憑自己的力量來實現？

通往「覺醒」與「敞開心靈」的道途可謂是形形色色，並不存在最佳道路。你只需問問自己，為什麼會偏愛其中的某一條路，如果你對性愛所具有的不可思議力量與深度心有恐懼，並因此而偏愛通往「與靈魂合一」的獨行之路，那就要注意了。恐懼並不是躲避或放棄的充分理由，**要敢於直視恐懼，開放且誠實地面對自身需求，即便它們使你感到痛苦、變得脆弱**。

許多人對愛情感到失望，或者不再抱有幻想。你們所有人都對愛情中的吸引力頗為敏感，而與此同時，在這一領域，你們也可能會體驗到許多於內在撕裂你們、使你們感到迷惑的陰暗情緒。比如，感覺自己向對方完全敞開，呈現出自己的脆弱，而對方卻拋棄了自己；或者，不顧一切地投入愛情，並因此而失去了自己，放棄了所有界線。你不但沒有提升至靈魂的層面，反而變得依賴對方，再也無法感受到自身那堅穩的內在之錨。這種情況下，你可能會感到心灰意冷，覺得最好還是知難而退，放棄內心的願望與需求。

誠然，無論歷時長短，「單身」一段時間，重建「自身力量」與「自我價值」這可能會使人大受裨益。然而，**如果一直因曾經的痛而退縮不前，將自己隔絕起來，就會重新高築心牆，與自己靈魂的連結也會因此而受阻**。因此，你無需借助他人來回歸自己，不過要保留這一可能性，不要將其拒之門外。**選擇能夠為自己帶來喜悅的道途，**保持開放，看看生命會帶給自己怎樣的驚喜。

問：有些靈性老師在他們的教導中，對於陷入愛情所喚起的各種感受持輕視態度，他們認為這些都是幻相，是曇花一現。可你卻說愛情是能夠使人與自己的靈魂建立深刻連結的原始力量。這到底是怎麼一回事呢？

愛情是一種能夠觸動人之本質核心的原始力量，此乃經驗事實。泛泛而言，對這一普遍經驗的輕視或貶低，往往顯示出一個人對生命的敵意。如果一個人對愛情持諷刺挖苦的態度，那麼基本可以確定，此人要嘛曾因愛情而受傷，要嘛害怕因墜入愛河而失去掌控。

真正的靈性教導以人類經驗為出發點，愛情是其中的一個重要體驗，它使人敞開心扉，且源源不斷地為音樂與藝術工作者帶來啟迪，它一直伴隨著人們，直至死亡。輕蔑與忽視這一體驗，就可能與自己的人性失去連結，這也曾是諸多靈性老師的命運，許多人都對這一蘊藏在每個人之內的、情感與感官層面上的強大力量心存恐懼與不信任。頗具諷刺意味的是，**壓抑或否認這一原始力量，只會使其變得更為強大**，並最終變得無法駕馭。最為執著於性的人反而是那些因著某些毫無生活根基的評判而否定性的人，正如那些迫使自己控制情緒、壓抑憤怒的人，他們一旦暴怒起來，也是無人能比的。**關於靈性自我實現的真正教導，不會脫離性、激情、情緒等原始力量，而是與其合作，將其看作是人類行為的基本驅動力**。

問：完全同意。不過，墜入愛河，尤其是愛情悲劇，有可能使人完全失衡，甚至深陷悲傷與絕望，淪入癱瘓與崩潰的境地。你在前面的章節提到了「浪漫的愚蠢」，以及它如何使人失衡，這又該如何理解呢？

愛情是一種原始的力量。原始的力量較為粗獷隨意，不會按部就班地遵從某一步驟明確的計畫，原始的力量意味著混亂與狂野、創造與毀滅。因此，是的，「愛情悲劇」可能會將你拉至深淵邊緣，然而，恰恰就是在那裡，**在深淵的邊緣，存在著能夠助你於人生之路上繼續前行的核心洞見與體驗**。

誠然，愛情痛苦可能會使你深受傷害，你也可能會被不現實的期待，或者對內心願望的誤解牽著鼻子走，可謂是陷阱重重。至關重要的是，試著**將情緒、性及激情的力量，與覺知及愛的力量連接在一起**，此即**煉金術**，這種轉化是靈性成長與自我實現的金鑰匙。**不要抗拒「黑暗」的力量，而是與其合作**，將其視為生命的源泉，視為與靈魂建立更深溝通的門戶，具體來說，這意味著願意接納自身的渴望與情緒，並同時保持意識覺知。運用意識覺知的目的並不是「規畫」與限制自身的激情與情緒，而是理解這一原始力量，順流而行。

舉例而言，你愛上了一個人，並覺得自己身不由己，被某一無法用理智來掌控的力量牽引而行，你決定不去試圖與之對抗，而是全然地覺知它，與之同在。或許，讀至此的你心想：只是靜觀，卻不採取任何行動，不去干預，這能有什麼用？然而，這卻是你所能採取的最有力的方式。**那些真正深刻的情緒與感受，比如愛、失親之痛與恐懼，是根本無法干預的，個人意志或理智根本無法與其抗衡**，無異於螳臂當車；然而，流經你的情緒之流既不盲目，亦非毫無意義，它是有方向的，只是你對此尚茫然無知。

請**放下掌控**，不過要同時對其**保持覺知**。不要評判它，接納自身的感受，相信它的存在與出現絕非毫無意義，如此這般，你會開啟一個煉金的過程，一次真正的內在轉化。你若能對內心湧起的情緒與激情持完全開放的態度，覺知的力量就能夠與腹部力量攜手共舞，換句話說，心與腹就會連接在一起，這時，你會感受與體驗到對自己的深度慈悲。若你接納這一切，**接納自己的痛苦、渴望與情緒……內在抗爭自會消失，自我療癒亦會自行發生**。若你能夠帶著覺知去體驗這些痛苦、情緒與渴望，它們就會助你在地球實相中彰顯自身的靈魂能量。只要你接納那些於內在觸動你、驅動你的一切，尊重內在的原始力量，信任其固有的自然韻律，你所攜帶的創傷就會得到療癒。

問：我明白你的意思，不過，我還是懷疑那最原始、最動物性的性行為中，是否存在這種天然的智慧？性欲中不是也包含一種盲目的征服欲嗎？就像動物那樣，比如，作為一群之首的雄獅，因其首領身分，它有權與獅群中所有的母獅交配。權力與性是聯繫在一起的。

就此，我還想補充一點，我感覺男性對性欲的體驗不同於女性。男性的性飢渴中蘊含著一種**征服欲**，而女性性欲中則蘊藏著**被征服的渴望**。我覺得，這兩種本能中，都存在著一種盲目、冷漠、追逐權力的因素。如何才能信任這樣的原始力量呢？

在人類社會中，性與權力緊密地交織在一起，然而，在動物世界，我不會使用「權力」這個詞，因為對動物而言，並不存在什麼「自我」。動物擁有對自身界線的明確認知，以及強烈的生存渴望，不過牠們並不具備人類所謂的「自我」。「自我」與「權力」唇齒相依，就動物而言，雄性動物的征服欲是一種延續自己血脈的本能願望，雌性動物希望（在某種前提條件下）被征服，是因為它們想要滿足繁殖後代的本能願望。動物群體中，任務與責任的分配是平衡的，成員們接受這一分配，因此並不存在藉由「濫用權力」來主宰的現象。

而人類世界卻截然不同。動物性的性欲確實存在，不過這與情感需求，以及對溝通與愛的靈性需求交織在一起。驅動人類性愛的還有一個動機，亦即（暫時）消除與對方的分離，這一驅動力非常重要，它超越了「繁殖願望」，將性愛轉化成靈性力量。誠然，**性愛存在著動物性的一面，但這並沒有什麼不好**，在動物層面上，起作用的僅僅是本能，並沒有什麼追求權力的願望，**如果性關係中出現了痛苦、攻擊性與不平衡等問題，其原因往往在於雙方之間的「情感互動」**。

一般來說，人們對對方的情感需求，以及在情感方面對對方的要求與期待，導致了權力的濫用與精神和身體上的暴力。比如，一個人試圖藉由愛情關係來彌補自我價值感的缺失及心中的空洞，需要對方來帶給自己良好的感受。這種情況下，其對對方充滿了渴望，這種渴望並不是純潔無辜的，其中蘊含著對對方的依賴，這種依賴使其很容易陷入我們之前討論過的陷阱。女性可能會因這種依賴而忽略自己，或者過度給予；男性則可能變得獨斷專橫，想要施展權力，控制對方。這種情況下，可能會出現悲劇，亦即你所謂的「盲目」與「破壞性」。

不過，身體的本能並非導致此悲劇的罪魁禍首，你是否見過一隻動物陷入「關係危機」？此類問題總是出現在情感層面上，與**缺乏自我覺知**、**缺乏自愛**有著緊密的關聯。**肉身的性欲是純潔無辜的**，甚至，男性的征服欲及女性被征服的渴望，也不算什麼問題，接納這些傾向，與之共舞，享受它們，只要保持情緒上的平衡，了知自身的陰影，以及潛在的陷阱，它們就不會帶來任何傷害。

問：就與自身原始力量的關係而言，我覺得，可能會以兩種不同的方式誤入歧途。其一，不尊重這一原始力量，壓抑它，將自己與生命隔離，也就是說，過度追求掌控，隨著時間的推移，會變得缺乏生命活力、喜悅與創造性。其二，被這股力量牽著鼻子走，被其征服，失去自我覺知，最終成為性上癮、受制於衝動或逃避現實的人。第一種情況相當於過久地踟躕於旱地；第二種情況則是被這一原始力量吞沒。大概是這樣嗎？

我想說的是，**渴望**與**情緒**這些原始力量會伴人一生，不過你可以選擇，是接納還是拒絕它們。藉由否定或壓抑的方式拒絕它們的話，你會使自己與生命隔絕，變得頑固不化，刻板僵硬；有時，你會在一些變老的人身上看到這一現象，比如，對新事物持封閉態度，認為自己已了知一切；然而，「變老」也可以意味著，終於接納這些原始力量，與其共舞。每個人都必須自己做出選擇。

人生中的每時每刻，你都能夠運用「接納之力量」，真正地去感受、去生活。你說接納之力量可能會過於強烈，或許會使人迷失於上癮、色欲或逃避現實的陷阱之中。如果一個人陷入欲望，任其主宰自己，失去自己的中心，亦失去理智，確實會出現你所說的這種情況，其不再對自己負責，任自己受制於某一力量，比如愛情。這時，愛情也會變成一種執迷的愛，具有壓倒一切的氣勢。不過，這其實也同時是拒絕，拒絕自己，其不肯有覺知地面對自身的渴望或欲望，而是在這些力量面前壓低自己，使自己成為它們的奴隸，而非主人。

就是說，存在著兩種拒絕形式：一、拒絕渴望、欲望與感受這些自然的力量；二、拒絕那個具有創造性的自己，拒絕運用自身的力量與能力來有意識地「因應」這些自然力量。

問：好吧。那麼，假設一個人執迷於愛情，失去了自己的中心，也因此而備受折磨，想要做出改變，如何才能實現改變，如何才能再次成為有創造性的、對自己負責的人呢？

至關重要的是，重新為自己創造空間。執迷於愛情的人，期待對方會為自己帶來幸福與快樂，並因此而總是處於一種擔心與不安的狀態，生怕對方不願再陪伴與支持自己，將對方放大，創造出一個理想的形象。你們要知道，於內心深處認知，這是有問題的，**請試著將對方看作「人」，而非神，看到對方的不完美，及其光明與陰暗的面向，放下「自己會被對方拯救」的想法，只有你才能救自己**。用充滿愛的方式關注自己的內在、愛自己，自內而外地感受自己的身體，以及愛情所帶來的情緒、感受與精神壓力，以柔和的目光靜觀這一切，關注自己，安慰自己。請告訴自己，你理解自己的這些感受，完全允許它們存在，這並沒有什麼錯，亦非禁忌，因為它們是被允許的；你也可以安心地與自己的意識同在，無需隱藏什麼。

以這種方式看待自己及自身感受的話，你會發現，自己將漸漸地放鬆下來，你賦予自己空間，接納本然的自己。「對自己的愛」具有療癒力量，僅僅是對自身感受的溫柔關注，就會使自己對對方的渴望變得不再那麼急切、那麼迫不及待。

問：也就是說，回到自己的內在中心，無需否定自己的任何感受？

是的。**回歸自己的內在中心，你必須不斷地重複這一過程，直至自己不再被強烈的情緒輕易地壓倒，不再輕易地失衡。**那時，你也會明白為什麼對方對你有著如此強烈的吸引力，這往往是因對方擁有的一種能量，而你自身也擁有這種能量，只是需要學著去啟動它，從而不再那麼依賴對方。

問：曾經有那麼幾次，我深深地愛上男性能量很強、氣場強大、性情耿直、強而有力且咄咄逼人的男性，有時，因他們強烈的吸引力，我感覺自己根本無法立足於自己的中心。而如果我調諧於自己的內在聲音或指導靈，向他們請教，他們的回答總是：要喚醒你自身的男性能量，將對方身上備受你崇拜的品質化為己有。我覺得他們的話是對的。

你越傾向於片面的女性能量或男性能量，具相反特質的人就會對你的吸引力越大，這會導致極其強烈的愛意，不過卻難以持久，因為你僅僅聚焦於對方的某些面向，而非完整的人。

比如，男性能量很強的人也具有脆弱、不自信的一面，且會在真正的親密關係中浮出水面，倘若你所愛的正是對方那擁有自我意識、行事果斷的一面，你可能會因此而倍受打擊，你所感受到的「異極」間的吸引力亦會隨之消失。而如果彼此具有靈魂層面上的溝通，兩人的關係反而會更加深化，逐漸演變成伴侶之間真正的愛，雙方都意識到**彼此並非構成某一整體的兩個「一半」，而是兩個單獨的「整體」**。儘管隨著時間的推移，愛情不再像當初那麼濃烈，更多了一些親情，然而，彼此之間性格與氣質上的某些差異依然可以為彼此帶來啟迪與驚奇。在充滿愛的伴侶關係中，對彼此的愛戀不會逝去，只是不再具有那麼強的穿透力，不再那麼激烈如火。對這種愛情形式的體驗是，彼此之間的驚奇與好奇，猶如一場永遠不會終結的探索之旅。

問：可是，許多人的體驗卻是，在一起久了，日子會變得平淡乏味，一成不變，缺乏火花與激情。這是必然趨勢，還是能夠避免的？又該如何避免呢？

藉由**保持「適當的距離」**就可以避免上述情況的發生。在一起久了，兩人之間的種種距離大多被消除，雙方之間極為瞭解，對彼此做出的反應也習以為常，往往無新奇可言，事實上，雙方之間真正的溝通亦已不再。只有**向對方持開放態度，而非理所**

當然地認為自己完全知道對方會如何反應、會有什麼想法或感受，才能鑄就真正的溝通。

溝通與新奇緊密相關，為了能夠重新以新奇之心看待對方，你要後退一步，創造距離，以打破上述的「理所當然」與「可預見性」。**親密關係中出現的「厭倦」與「乏味」表明雙方之間缺乏溝通，這也往往是極度追求安全感，總想與對方廝守在一起，所導致的結果。**

在親密關係中，想要與對方分享一切，時時事事都一起行動，這往往會為雙方的個體性帶來一種無形的壓力，過度改變自己以適應對方，會失去自我，隨著時間的推移，這會導致焦慮、煩惱甚至分手的想法。有些關係中，雙方已經再也無法重燃當初彼此之間那吸引力的火花，此時，就是各走各路的時候了。就某些情況而言，中斷關係對雙方來說是最好的選擇；還有一些關係，比較有效的方法則是，**雙方重新專注於自己的人生道路，先獨行一段時間**，並以這種方式為雙方的「重遇」創造出更多空間。

問：作為總結，可不可以這樣說，「覺知」與「極樂」之間的平衡，是基於心靈之性體驗的必要條件？我所謂的「極樂」指的是與對方融合，以及超越自身的界線，

「覺知」指的則是享受極樂體驗的同時，立足於自己的內在中心，不被拖離根基，對自己保持忠誠的能力。

說得很好。在極樂中，你會體驗到女性能量，與此同時，立足於自己的中心則是擁抱男性能量。如此這般，性愛之舞會變成神聖之舞，成為通往「新生」的門戶，內在與外在的「新生」。

問：我還有一個關於女性身體意識的問題。你說過，因為腹部的能量創傷，女性難以真正地體驗自身欲望，難以享受性愛，尤其是那些同理心強的「給予型」女性，她們感覺難以在這一領域占據屬於自己的一席之地，將自身享受置於首位。這是否也與「女性往往並不愛自己的身體」現象有關？

在我看來，這個世界上存在著一個非常普遍的現象：女性將自己的身體與所謂的「理想形象」作比較，對自己的外貌缺乏自信，而且**相較於自己的感受與願望，她們更加關注他人（尤其是男性）對自己的看法**。女性常常物化自己的身體，將其看作是可被欣賞或否定的「物品」，因為僅有極少數的女性能夠滿足所謂的「理想形象」，這一理想形象也成了人們自卑、羞愧與不自信的源泉。這種環境下，如何才能自由地享受性愛及自己的身體呢？

首先，不要低估男性對自身之吸引力與性感程度的懷疑與不自信。一般來說，相較於男性而言，女性更加與自己的身體同在；男性則更傾向於將自己禁錮於頭腦的束縛之中，對自己身體的感受程度不像女性那麼明晰。對外貌的關注也有可能為女性帶來積極正面的影響，比如，如果一位女性更加關注自己的衣著、姿態，以及如何藉由外表來展示自己的感受，那麼她會更加與自己的身體同在，在感受與外表之間建立起某種形式的連結，這對女性來說幾乎是自然而然，不言而喻的，而對許多男性而言，卻並非如此；男同性戀者除外，他們往往具有這種與身體的連結。

當然，**如果關注自己外表的原因是對「人為創造的理想形象」的渴望甚至是執著，那麼這種關注就會帶來負面效果**，此時，對外表的關注就成為了一種「戰鬥」，使人失去內在與外在之間的連結，單方面地偏向外在層面。那些不顧一切地追求「好身材」的女性，吸引力反而會降低，因為她們缺乏自內而外散發出的風采，而正是這種風采才會使人變得更加美麗。**一個人所散發出的、可察覺的靈魂能量，才是使其真正變得美麗、更有吸引力且充滿魅力的因素**。

男性往往以為，外在成就與財富會使他們更具吸引力，正如女性將自己的外表作為「法寶」，男性將自己的外在表現與技能作為法寶。在某個層面上，這兩種情形毫無差異，都是對自身的靈魂品質缺乏自信，這兩種策略皆顯示出自我價值感的缺乏。不過，這是可以理解的，因為在你們的文化中，就你們思考自己、感受自己的方式而言，**靈魂缺席已久**，用「年深日久」來形容亦不過分。

對女性而言，至關重要的是：**敬重自己的身體**，將其看作是自身感受的基座，是靈魂的表達，**以自己想要的方式，感受身體的愉悅**，珍視自己的身體，這都是被允許的。如果你為自己的外貌感到不安，只因為它不符合「普遍要求」或因為它在變老，就請更加立足於自己的腹部中心，**不要過於關注他人對自己的看法，而是多關注一下自己對人生、對周遭世界的看法，要化被動為主動**。你的觀念極其重要，它決定了你會將什麼樣的人事物吸引到自己的人生裡來，**不要被動地等待自己的真命天子出現，而是成為自己的真愛，擁抱本然的自己，無條件地支持自己**，如此這般，你心中升起的喜悅與自信會對他人產生強烈的吸引力，你也會因此而不再對自己的美麗心存懷疑。

對男性而言，至關重要的是，**更加關注自己的身體層面**，且能夠感受到，自己之所以被愛，是因為**自己是什麼樣的人**，而非自己的能力與成就。在與女性交往的過程中，男性常常不是很確定自己該如何接近女性，他們習慣運用頭腦，而在與女性溝通的過程中，頭腦分析往往無法發揮作用，無異於夏爐冬扇。與女性的溝通，促使他們更多地藉由感受來建立連結，只是，在從小到大的成長過程中，無論是家庭教育還是學校教育，都常常教導他們不要這樣做，因此，男性心中的一種渴望，對**溝通**與**連結**的渴望，往往被他們詮釋成／體驗為居於腹部的性欲、活躍的頭腦，以及活躍的性欲中心，而兩者之間的區域，**心與感受**的中心，仍是尚未開墾的荒原。女性——內在較為進化的女性——對此心有芥蒂，她們覺得，這樣的男性在情感層面上無異於大門緊閉的堡壘，而且他並沒有真正地看到自己；通常而言，他並非故意如此，恰恰相反，他想要獲得她的關注與青睞，只是他不知道除了運用頭腦與腹部的力量，還能有什麼其他的方法來幫助自己達成願望。

與自身感受建立連結，**體驗情緒如何彰顯於身體**，對男性能夠產生療癒的作用，並助其瞭解自己真正的需求與渴望，他的內在小孩會重獲生命活力，散發出自己的真實能量。**與心重建連結**的男性，會散發出自我覺知的能量，這一能量對女性充滿了吸引力，且與其外在表現和成就無關。因為這種自我覺知，他能夠展現真實的自己，在與女性交往的過程中真正地投入自己，且不會失去自身的力量與獨立性。

問：最後，我還有一個問題，是關於同性戀的。從靈性角度看，同性戀意味著什麼？為什麼靈魂要選擇這樣的體驗？過去，宗教權威曾強烈地譴責與鞭撻同性戀，時至今日，依然有一些靈性理論宣稱這是性偏離，或是不正常的。你對此怎麼看？

同性戀並非「性偏離」，這是靈魂有意識的選擇，選擇以同性戀的身分來體驗人生。做此選擇的原因多種多樣，比如，許多靈魂想要體驗偏離關於兩性能量的主流模式及主流思想是怎樣的，作出這一抉擇的都是**勇敢的靈魂**，因為他們在輪迴為人的過程中，可能會遇到各式各樣的牴觸與不理解。此外，在這一面向上，他們往往還肩負超個人的使命，他們體驗同性戀的目的並非僅僅是為了自己的內在成長，他們也在集體意識層面上，為人類逐漸放下對「男性特質」與「女性特質」的死板定義，貢獻自己的一份力量。

人類迫切需要他們所做的貢獻，因為正如我之前所說，人們對男性特質與女性特質那頑固與片面的見解，已成為他們與自己靈魂建立連結的障礙。加強與自己靈魂的連結，能夠促進兩性能量於內在的整合與共舞。如此這般，一個人要嘛是只對女性產生性欲或愛慕的男性，要嘛是只對男性產生性欲或愛慕的女性，這種對性取向有著嚴格定義的觀念就無法再維持下去。

同性戀常常喚起人們的激烈反應，這種反應恰恰反映了一個人進入靈魂層面的程度。**在靈魂層面上，不存在對同性戀的任何評判，愛才是最重要的**。得知身邊人是同性戀，或者感覺自己有這種傾向之時，如果你心中升起強烈的牴觸感、恐懼或惱怒，這說明你依然受錮於頑固的舊有思維模式，難以接納靈魂那富於流動性、無比自由的本質。通常而言，一個人無法立刻放下舊有模式，不過，聚焦於自己對這位身邊人的愛，會助你逐漸放下心中的對錯評判，對他／她的感受持越來越開放的態度。

問：就是說，如果一個人是同性戀，他／她不必去尋找「這源自於童年或前世創傷」等諸如此類的理由？

只有將同性戀看作是「問題」的時候，才會去尋找理由。舉例而言，一個人一出生就有一雙紫色的眼睛，人們從未遇到過這種情況，認為這偏離常規，因此，他們開始尋找導致這一現象的原因；而如果紫色眼睛像棕色或藍色眼睛那樣常見，就不會有人去探究原因。同性戀這種情況與此無異，**同性戀其實並不是問題，是社會將其視為問題**，作為人類的一員，同性戀者當然會經歷各種各樣的問題，正如這世上的每一個人；然而，認為同性戀與「心有創傷」互有特定關聯，這種思維方式是錯誤的。靈魂選擇「同性戀」這一經歷的原因與動機可能是極其正向的，比如，為人類放下有關性愛與性別的僵化觀念盡自己的一臂之力，這與創傷沒有一絲一毫的關係。

也有可能，有的靈魂之所以選擇同性戀人生，是因為其在前世曾經強烈抨擊過同性戀，所以希望能夠做出改變，以更為柔和、中立的方式來看待與理解同性戀。靈魂具有極大的靈活性，願意接納林林總總的彰顯形式。因為恐懼與不信任，人們將此看作是問題，而從靈性角度看，並非如此。

問：如今，這樣的事時常發生：一直是異性戀的女性，經歷過多年的傳統婚姻後，忽然與同性建立了親密關係。我身邊就曾發生過，電視節目也有過類似的報導。這是否說明，性取向並不像我們想像的那樣固定不變？這與這些女性的內在成長是否也有一定的關係？

泛泛而言，**在中年後改變性取向的女性，大多在努力發展與增強自身的男性能量，並由此更加接近靈魂層面，自身也變得更加完整**。如果她感受到與某位女性在靈魂層面上的深度連結，而且這種感受促使與邀請她們更加深入地瞭解彼此，那麼，雙方之間就可能會出現強烈的吸引力。一般來說，內在男性能量與女性能量的發展越均衡，發展程度越高，同性戀與異性戀之間的界線就越具流動性，不再那麼僵化固定。靈魂層面上的吸引力占據了首位，這種情況下，你會發現，身體層面上的性取向其實也是靈活與動態的，並不像人們所以為的那樣黑白分明。

每個人之內，男性能量與女性能量所占的比例都不同。並不是說，如果一個人內在的男性能量與女性能量皆獲得發展，此人會變成「中性人」；事實往往是，**女性如若開發並運用自身的男性能量，其女性能量反而會變得更為強大，她會變得更有自我覺知，更加瞭解自己真正想要什麼，而且更有行動力**，這並不會使她「男性化」，而是成為更有風采與魅力的女性。

男性亦然，如果他們能夠敞開心扉，接納自身的女性能量，他們不僅不會因此而忽然「女性化」，反而會因著他們的敏感、寧靜與沉穩而更具男性魅力。內在女性能量獲得發展的男性，他們的男性能量具有更高的頻率，也就是說，**兩種能量的整合並不會導致「中性化」，而是會發生能量上的融合與轉化**，這種融合與轉化使得人們既是靈魂，亦是女性（與自己靈魂有著緊密連結的女性）；或者既是靈魂，亦是男性（與自己靈魂有著緊密連結的男性）。由此，女性特質與男性特質以更為圓滿、豐盛的形式呈現出來：**靈魂之光透射而出**。

從性別外殼中透射而出的靈魂能量，不僅不會使人失去其女性或男性特質，反而會使其女性或男性能量提升至更高的層面。靈魂之光的透射也使得此人變得更加自由與開放，也因此，與另一個人的相遇相識也不再受限於各種框架與既有體系。**每一個相遇都是獨一無二的**，有時，男性與男性、女性與女性之間也會擦出火花。靈魂是自由的，根本不在意什麼「同性戀」或「異性戀」這樣的定義。心存猶疑之時，你只需問自己一個問題：**「我是否感受到愛？」**如果答案是肯定的，那就ＯＫ。

第二部分

踏上覺醒之路

第一章　療癒腹部力量

我是抹大拉的馬利亞，帶著發自內心的溫暖與喜悅，我問候你們所有人。你們都認識我、熟悉我，我們是志同道合的靈魂，以自己獨特的方式行走在相同的道途上。今天，我想談一談**女性能量及其在這一時期的綻放**，因為這對人類整體必經的意識轉變有著至關重要的影響。無論是在世界整體層面上，還是單獨的人類個體中，都需要建立男性能量與女性能量之間的平衡。

停止過度付出，療癒腹部能量

長期以來，女性能量備受壓抑、毀傷與侵害，並導致了片面的男性能量占據統治地位局面。如今，乍看之下，彷彿兩性之間的平衡已恢復：在許多國家，女性幾乎擁有與男性同樣的權利，這些國家與地區中，女性能夠像男性那樣自由地彰顯自己、享受教育、創建事業、占據權力位置、積累財富。儘管如此，在更深的層面上，這種平衡卻有所缺失，因為，女性以這種方式爭取平權，她們所做的，其實是徵用基於統治與掌控的男性能量，為自己謀取利益。這樣做並沒有什麼錯，不過問題是：女性能否因此於內心深處獲得充實感？同樣的問題是，男性是否會因擁有權力與主宰權而於內心深處獲得充實感？

這一時期，越來越多人開始尋求更深層次的充實感、充滿靈感與啟迪的生活、與地球及人類同胞的連結、隨心而行而非被動地回應恐懼……諸如此類的理想影響與激勵著年輕一代的心靈。那基於掌控與強迫的舊有男性能量，其漫長的統治時期即將進入尾聲，新一代人的思考與感受方式與此截然不同，這為女性能量的真正復興創造了契機。這不僅包括恢復女性的社會權益、政治權利及自由，還包括真正療癒女性精神上的深度內在創傷。

女性能量在過去都經歷了什麼呢？

她被精神與身體層面上的暴力，以各種方式剝奪了力量，史書對此早有記載，因此，我無需再進行詳細的描述，在此主要想討論**這些暴力於內在層面對女性能量產生了怎樣的影響**。

如果你觀察一下女性集體能量場，亦即典型的女性能量場，你會看到位於腹部的空洞——那裡有一個洞，最下面的幾個能量中心——**海底輪**、**臍輪**、**太陽神經叢**——所在的區域，**能量被剝奪，出現了空洞**。對於許多女性而言，這些能量中心處蟄居著**無價值感**、**恐懼**與**不確定感**，而她們對此卻往往只是半知半覺。原始的女性腹部力量既充滿了活力，又有著堅實的根基：女性天生就能夠感受到與地球、季節韻律的連結，而且她們心中的智慧更是建基於一種不言而喻的自尊與自我價值感；然而，隨著時間的推移，這已消失不再。失去了天然的腹部力量，女性無法以平衡的方式建立**心**與**周遭世界**的連結，**她們很容易過度付出，在付出過程中失去自己**，而且，她們**往往難以占據屬於自己的空間，難以設定界線**。

如果你因為受拒、暴力與羞辱而備受傷害，傷及自己的內在核心，那麼你的能量場就會發生轉變，你的意識會離開腹部——情緒、連結與親密的基座。對於女性而言，若居於腹部會帶來難以忍受的痛苦，她會退出這一區域，游離而出，意識會向上提升，縮回生物能量場的較高位置，感受會變得遲鈍，甚至有可能陷入憂鬱，或者倍感疲憊，無法運用自身的能量。此外，除了暴力創傷及導致的情緒上的深度困惑，還會出現憂傷，以及失去自己所引起的空虛。這就是對女性心靈經歷的簡短描述，儘管每個女性對此模式的展示程度各不相同，但依然可以從中總結出普遍的傾向，歸納如下：

• **腹部**——此乃**情緒**、**性與親密的基座**，**與地球有著天然**、**強烈的連結**——相對來說比較空虛。居於腹部，這使人備感威脅，不僅因為記憶中的傷痛，還與蟄居其中的力量有關，這一力量令人她們感到恐慌，不敢輕易地接納。

• 這一撤離之舉所導致的後果是，上下能量場之間，心部與腹部之間，出現了鴻溝。

• **心**——**靈感與愛的中心**——之能量難以暢流而出，難以與世界、與他人建立連結。這要嘛是因為心中有過多的恐懼與不確定感，要嘛是因為想與對方建立緊密的連結，而失去自己，變得在情感上依賴對方的傾向。

即便是一生中從未經歷過暴力（精神、身體與性層面上的暴力）的女性，也常常會呈現出這一模式，往往，她們的女性能量在（不止一次的）前世中曾受過傷害，所留下的創傷在這一生中尚未得到充分的療癒，因此，她們在這一世依然攜帶著來自前世的舊有模式。此外，作為女性，她們亦會受到女性集體心智、世人眼中的女性形象及女性過往經歷的影響。這一描述涉及到每一位女性，沒有任何一個女性能夠自然而然地讓自己的腹部力量自由順暢地流動。

在這意識轉化的時期，療癒腹部的能量創傷變得更為必要。作為女性，如果你想要在靈性面向獲得成長，渴望隨心而行，隨內在最深的靈感而行，你會發現，自己必須要面對內在深處的恐懼，展現自己，使自己變得更加偉大，勇敢面對衝突，這既非輕而易舉之事，還會使你不得不面對有關「自我價值感」與「對自己保持忠誠」的根本問題。在某種意義上，你作為女性，被邀請於內在轉化一部分女性集體傷痛，在覺察與療癒自身痛苦的過程中，你也為集體意識的成長與發展開闢了新路。

人們廣泛認為，靈性成長即是敞開心靈、與他人建立愛之連結，放下自我；然而，對於缺乏腹部力量的女性而言，這裡隱藏著若干陷阱，因為在無法根植腹部、立足於自己的中心、與自己的需求和真相保持連結的情況下，去與他人建立連結，會很快使你失去自己，甚至變得心力交瘁。如果你本身高度敏感、心輪開啟，並且很容易感受到他人的心情與情緒，那麼對「自我界線」的強烈意識會使你大受裨益，這種情況下，你恰恰需要一個強大的自我！

所謂「強大的自我」指的是，對「自己止於何處，他人始於何處」的明確認知；還有，當你過度給予——其原因可能是為了讓他人對自己有好感，抑或不敢說「不」——的時候，你能夠及時意識到這一點。一個健康的自我能夠使你在與他人互動的過程中，明確感知自己所受到的影響及隨之升起的反應。「自我」這個詞已被扭曲，被用來代表層次較低、需要被放下的一切；而對女性而言，這種形式的「自我意識」及「設立界線」卻是至關重要的，男性則與此不同。

男性應將重心置於「敞開心扉」

男性所接受的道德薰陶不同於女性，他們從小被鼓勵要堅持自己的主張，要敢於抗爭，要出類拔萃。不過，對於那些天性敏感、謹慎或安靜的男性，這可能是相當痛苦的。無論如何，男性較少受到「要給予」的鼓勵，野心與進攻性則被看作是積極正向的男性品質。男性亦擁有來自過去的能量創傷，他們與自身的女性能量、與自己的感受及直覺分離消散，他們對此的體驗則是喜悅、情感與連結的缺失。他們心中有一個空洞——遠甚於其腹部空洞，這一空洞對他們的折磨與腹部空洞對女性的折磨不相上下。無論男性還是女性，都受到身處其中的傳統所帶來的影響與傷害，不過，因為形成傷害的方式不同，重獲完整性的方式也不盡相同。

對男性而言，把重點關注於**「敞開心扉」**對他們頗為有益，與自己的感受建立連結，允許自己呈現出脆弱，接納自身的女性能量，是男性療癒自己的基本方式；而對女性而言，在某種意義上，卻恰恰相反，她們的自我療癒之路是：**忠於自己，表明界線，認出並彰顯自己的獨特天賦**。從能量角度來看，這意味著，將心之能量、靈魂之能量，帶至腹部層面，使其真正沉入位居骨盆——象徵女性能量的原始力量——的空洞。

認知自我恐懼，敢於表達憤怒

女性回歸自身根基的方式之一是，**更有覺知地因應自己的內在憤怒**。許多女性壓抑自身的憤怒或失望等情緒，憤怒會喚起恐懼或無力感，心生憤怒是危險的，因為它可能會使你與他人發生衝突。如果你感覺難以為自己挺身而出，難以表達自己心中的憤怒，你會深感無力，此時，憤怒有可能會轉化為沮喪、萎靡或譏諷；然而，你也可以將憤怒看作是珍貴的信號，提醒你某一人事物已經越過你的界線，你為此感到受傷，你可以運用這一信號，在人生中創造積極的改變。藉由迎接憤怒，你認真對待自己，由此，蘊藏於憤怒之中的力量能夠以積極正向的方式表達自己，首要的一步是，**不要將憤怒看作是壞事**，不要因此而自責，相較於男性而言，這對女性來說更為困難，她們習慣將自己推至一邊，賦予他人空間，而非占據本屬於自己的空間。

也因此，我提醒那些踏上靈性之路的高度敏感的女性：呵護好你的腹部力量，拿回自己的力量，敢於為自己挺身而出，占據屬於自己的空間。有時，你們將「靈性」與愛、光和連結極其緊密地聯繫在一起，這些品質確實是必不可少的，然而，能否保持平衡的連結則取決於你分離與設定界線的能力。為此，你需要全然地尊重自己，尊重自己的力量、天賦與一切情緒。

我本人曾生活在一個女性的自由表達不被接納，更別說被尊重的時代。我感覺與約書亞所帶來的訊息，以及基督能量的精髓本質有著強烈的連結，他的言辭與光彩深深地觸動了我。在那一世，我越來越清晰地憶起自己真正是誰，此外，我對禁止我做自己——一個獨立、強而有力、有主見的人——的當權勢力亦心存憤怒。一次次地，我別無他選，只能自己去面對，與內在的無力感與憤怒作鬥爭，沮喪的能量占據了我的腹部，沮喪之下又隱藏著自卑與自我懷疑。解決缺乏自我價值感的問題，放下來自外在世界的評判，是我的使命。

這是對我們所有人的挑戰，正因女性並未充分地居於腹部，她們心中往往傾向於過度給予，使自己日漸枯竭，抑或過於投入與他人的關係，比如她們所愛的人、子女、父母或朋友，在關係中失去自己，這往往意味著並未全然立足於自己的中心、自己的內在根基。如果主宰腹部的是空虛與疏離感，走向他人，向他人伸出雙手，無疑是一種誘惑，表面上看這是出自於愛，不過背後亦隱藏著其他動機：**需要借助他人來感覺良好、獲得「被接納」的感受**。然而，真正的靈性成長是有意識地問自己：我帶著什麼樣的動機與周遭世界，與我摯愛的人、朋友、子女和父母等建立連結？

現在，請選擇其中的一段關係，並將意識帶到你的腹部感受一下，你在這段關係中占據或接受了多少空間。比如，你可以選擇你與摯愛之人的關係，然後感受一下：「與他在一起時，我在腹部深處是否擁有一定的空間？」然後，再選擇一位女性朋友進行同樣的練習，讓她進入腦海之際，進行深呼吸，腹式呼吸，看看自己能否做到。

你是否感到呼吸不暢？是否感受到某種阻礙？試著進行這一思想實驗。關鍵問題是，在這段關係中，你的腹部能否放鬆？你是否感覺自己被接納？你能否自由地做自己？抑或，你感覺自己必須不遺餘力地付出，或者自身能量不斷流失？那時，你的意識會上移，離開自己的根基，你的腹部。這情況發生之際，請不要自責，而是帶著充滿愛的真誠，靜觀自己對於「變得偉大」與「占據空間」的恐懼，藉由認知自己的恐懼，你能夠轉化恐懼。在這道途上，你並非孑然一身，女性集體能量場正在發生轉變，你所給予自己的一切，亦會使他人受益，反之亦然。

第二章 從舊有禁錮中解脫自己

人生中，有時你會對自己所處的情境感到迷茫，不知如何是好，這既可能是外在事件，也可能是不斷湧起、使你感到難以因應的內在情緒。要知道，作為人類的一員，你無需獨自去面對與解決這一問題，有一股愛之流一直環繞著你，支持與幫助你，這是你的**靈魂之流**，此外還有你的**指導靈**那充滿愛的能量，**你並非孑然一身**。有時，那環繞你的光會輕輕地推你一下，讓你去做以前不曾做過的事，或者放下某些東西，關鍵在於，**當這一靈感之流以感覺、建議或願望的形式出現時，順其而行**。

你的某一部分感到迷失，受錮於恐懼與不信任的高牆之中，現在，是打開窗櫺，振翼飛出的時候了，地球呼喚你這樣做，在彼岸的我們亦如此。我們來這裡是為了解放你們，可是僅憑我們單方面的力量是不夠的，我們需要你們的合作。請響應我們的呼喚，敢於信任，敢於站起來，敢於去感受。解放過程中所出現的一切情緒都必須被看到、被感受到，不是緊抓住不放，而是讓情緒感受飛出禁錮，像鳥兒一樣自由。積儲、隱藏於你內在的一切，你內在那變得冰冷黏濕的一切——正如潮濕牢獄之內的東西，將被愛之聲音喚醒，飛向光明。你無需僅憑自己的力量實現這一切，「光」呼喚你，亦會陪伴你，不過你必須要跟隨著光之流而行，願意敞開自己。

請開啟內在牢獄大門

現在讓我們一起**觀想，想像你所在的牢獄**——無論你賦予其何種形象——有一道大門，門前站著兩個守衛，他們守護著牢獄的大門，同時，他們也是你對所經遇的痛苦與恐懼做出的回應，無論這些痛苦與恐懼是來自於今生，還是前世，抑或兩者皆有。看一看何人站在門前，這兩個守衛覺得自己非常盡職，他們想要保護你，使你不再受到傷害；然而，雖然帶著保護你的好意，但他們也同時使你與生命、感受及動態的流動隔絕。儘管如此，請敬重這兩個守衛，他們盡職盡責，亦卓有功效。或許，你們將他們看作是負面的形象，然而，正是因為他們，你們才能在這個直到不久前還相當稠密與黑暗的次元中生活與生存，請看著這兩個守衛，感謝他們的付出。

人類的心智非常富有創造力，能夠想出各式各樣的生存辦法，比如將自己的敏感面保護並隔絕起來，或者躲入陰暗的角落，因為這能帶來某種形式的安全感。以慈悲的目光來看待這些保護機制，這都是完全可以理解與想像的，你們所有人都曾有過這樣的經歷！人類基於生存機制，基於緊閉之大門的所有行為，都深具人性。當我們討論正在你們心中萌芽與蘇醒的新地球時，我所指的是：一個充滿深刻人性的世界。新地球上，充滿溫暖與關切的人比比皆是，他們在更加精微的層面上理解彼此，因為他們曾經極其深刻地體驗過自身的人性，並能以一顆平常心對待自己的人性。我所謂的「人性」指的是「情緒上的沉浮」，輪迴為人所必經的苦樂交疊；我所謂的「人性」指的是動態、變化、探尋、成長與重新開始；我所謂的「人性」指的是，看到與他人之間的平等，即便對方乍看上去與自己截然不同，但能夠求同存異，以雙方之間的共同點為基礎進行溝通，兄弟姊妹般的情誼亦會由此而生。

這是地球等待已久的愛，藉由你們所有人而誕生，藉由你、你、你還有你那正在覺醒的心而誕生。請告訴站在牢獄門前的守衛，改變的時刻到了，想像你握起他們的手，或者拍了拍他們的肩膀，對他們所做的一切表示感激。感受一下他們的力量與尊嚴，這關乎於「在自己攜帶的所有能量中都能夠看到光」的問題，在你與他人的關係中，重要的並不僅僅是在他人之內看到光，也要在你自己之內看到光。

一切負面能量之中都蘊含著光，存在著對愛的嚮往，以及美好的初心，即便其展示方式有時顯得頗為扭曲，甚至各種殘酷的行為以及對權力的濫用，其根本原因都是：內心深處充滿了對愛的渴望，不過卻沒有能力以強而有力、富於覺知的方式來理解與實現這一渴望。我並不是在美化對能量的負面運用，我只是希望能夠幫助你們理解並感受到，此類行為其實源自於人類的痛苦、恐懼，以及對愛的缺乏，每個人都對這種深刻的恐懼有所瞭解，知道它如何扭曲甚至毀傷自己的情感生活；每個人都具有「想要掌控，想要主宰人生，想要強迫他人」的傾向，這都是非常人性化的，藉由認知與接納這些人性面向，你便能夠將自己從牢獄中解放出來。

現在請看一看，看看你的守衛能否退開一步，任牢門打開。牢門想要開啟，需要用力才能使其維持原態，那麼，又是什麼想要破門而出呢？是什麼想要出現在你的生活中？**請允許其走出來，自由地顯現**。你能否看到它？還是僅僅藉由某種悄然降臨的心境或振動而感受到它的出現？或許，它是你內在極其可愛甜美的一部分，你擔心，它對於這個世界來說，有些過於溫柔美麗，因此將它藏匿保護起來；或許，你在其中看到了某種顏色，或者一朵美麗的花，這也可能是你內在極為強有力的一部分，如今它想要站出來，意志堅強，擁有主見，根基穩固，果斷堅決；當然，你也有可能看到某一動物的出現，只要能夠助你與此能量的核心本質建立溝通就好，讓這嶄新的能量自由流溢而出，仿若這本是不言而喻、自然而然之事。

藉由心靈與人性彰顯新地球

請感受一下，地球與宇宙正大張雙臂迎接你內在的能量，就在此時此地，你終於走出來了，終於獲得了自由，你們已經可以解開「過去」之鎖鏈，與志同道合之人聯合起來能夠對此有所助益——如果你們歡迎彼此、接納彼此之人性的話。誠然，你們所有人依然攜帶著舊有的保護機制，即便你們已經打開了內在牢獄的大門，也可能會再次撞上，不過，你們不會再誇大它的堅實與沉重。

釋放舊有能量需要時間。一棵枯死的樹，依然會長久地佇立於大自然中，隨著時間的流逝，樹會慢慢地歸於塵土，這是好事，是生命輪迴的一部分，不要藉由內在那業已死去或衰老的部分來體驗生命。偶爾陷入懷疑、憂傷、恐懼或憂鬱的漩渦，這非常人性，也是非常可以理解的，請以溫柔的目光看待，允許它們存在，你再也無需掩飾，他人看到這一切亦未嘗不可。新地球之光藉由你們的人性進入你們，藉由你感到脆弱的部分、你願意聆聽他人訴說的部分、你既不評判自己又不評判他人的部分，光流入你。是的，並非藉由靈性準則或靈性技能，亦非藉由理論知識，而是**藉由心靈，藉由人性**。如此這般，新地球才會彰顯於你們的腳下與心中。

最後，我邀請你與腳下的地球能量建立連結，感受一下地球母親的力量，以及她對你的承載。你是她的孩子，與此同時，你也是老師：你為地球帶來新的能量，帶來天堂之光。請感受一下，一道明光照耀而下，溫暖的光灑在你身上，慷慨、親切又充裕；感受一下，來自天堂與地球的力量在你之內彙聚，共同承載著你。要敢於臣服於這一能量流，使自己變得偉大，敢於做真正的自己。**你是一個美麗、優雅且強而有力的生命體，不要讓對此持異議的舊聲音分散你的注意力**，將它們看作是背景雜音，信任自己，你是為地球帶來新能量的人，這是毋庸置疑的。我向你致意，向你這位新地球的守護者致意。

第三章　找回自身的力量

我是抹大拉的馬利亞，帶著友誼，我來到你們身邊。能夠身處於你們中間，我心中充滿了喜悅與感激，你們正在創造不同，帶著擴展意識的意願，你們一起來到這裡，不僅為你們自己的人生，也為地球的集體意識帶來轉變。你們所做的一切，都會創造不同，從我所在的這個次元來看，**內在是首要的**，在我們眼中，發生於外在層面——你們稱其為客觀世界——的事件都是次要的，外在世界是內在改變、內在意願的彰顯與結果。**外在始於內在**，對於我及在我身邊的一切存有而言，內在遠比外在更為真切和實在，而對你們來說卻往往恰恰相反。周遭世界不斷地迫近與影響你，你藉由感官所感知到的物理實相、周遭的人、你外在的客觀環境……彷彿對你有著決定性的影響，儘管如此，在本質層面上，這一切皆為幻相。有一個內在世界，先於你所看到的一切外在事物，藉由有意識地與此內在世界、靈魂之世界，建立溝通與連結，你會重獲失去的力量。

於外在層面上，你們既脆弱又弱小，你們所擁有的肉身，可能會成為各種外在影響的犧牲品，比如疾病、大自然的各種力量，或者人們的暴力行為，你們的肉身脆弱、單薄，亦會死亡，除此以外還有各種各樣的情緒。

儘管從表面上看，彷彿你們就是自己的情緒，但是，你們中的許多人卻對自己的情緒束手無策，你們感覺自己的心境變幻莫測，正如易變的天氣，陰雲、狂風與暴雨，而自己彷彿是其手中的玩物。

強烈認同於自己的情緒，會使你們脫離自己的內在中心，因為你們受制於它，隨著心情的變化，飄來蕩去。從這種意義上說，強烈的情緒與衝動也屬於外在的事物，你們的內在世界中存在著一個核心，既獨立於你們身外的物質世界，亦獨立於你們的情緒。

觀想腹部深處的內在寧靜

現在，我邀請你進入內在中心，就在此時此刻，這是你內在那中立、寧靜、超越時間與空間的地方。儘管如此，那就在你的體內，位於你地球人格內在最深祕的地方。你的身體是通往你之「內我」的門戶，請將注意力轉向內在，與自己的心建立連結，感受一下，自己的意識之流正在溫柔地觸碰身體的每一個細胞，關注自己的身體會為它帶來積極正面的影響。它也擁有內在生命，並不僅僅是由細胞組成，能夠借助化學或生物知識來完善描述的「物體」。身體亦有其內在意識，請感受一下，緩緩地進行深呼吸，漸漸地，你會發現，這種呼吸方式本是極其自然的，你的身體知道如何平靜、放鬆地呼吸。感受一下，隨著你逐漸進入內在，外在世界變得越來越不重要，也變得越來越安靜，現在，讓意識繼續下沉，進入腹部，在那裡找一個可以休憩的地方，在能量層面上感受一下位置。想像你用自己的呼吸輕觸那裡，然後讓意識進入那個空間，比如你可以將其想像成兩手掬成的空間，或者大自然的某個地方，只要能對你有所幫助便可。任想像馳騁，看一看位於你之腹部——你之基底——的小憩之處是什麼樣子。

現在，想像自己的全部力量都集聚在那裡，這是一種靜謐的力量，經歷過漫長歲月的古老力量，你已經多次輪迴於地球，在你的腹部深處有一種知曉，你知道自己遠大於自己的身體，遠大於攜帶著所有這些情緒的地球人格。你是超越時間的存有，你對此的感受越深，你的靈魂就越容易與你的地球人格建立連結，進入你的日常生活，你的外在實相。

請感受一下腹部深處的內在寧靜。那裡有一支錨，或者說一座燈塔，獨立於掠過你之能量場的各種情緒與心境，如如不動。儘管如此，這一寂靜中心並非空空如也，它是中立的，但並不空蕩。請感受一下蟄居於那裡的意識，它富於彈性，充滿活力，與此同時，又極為寬泛廣袤。想像有能量從這裡汩汩而出，流經你的整個身體，靜靜地觀想，一股能量流從你腹部的寂靜中心緩緩流出，在你的腹部漫延，靜靜地、緩緩地流動，尋找著自己的路。這是來自最深層面的「你」，正在與生活在地球實相中的「你」建立連結。

看一看這一能量流想要流向何處，是向上流入你的心部、肩部與頭部，還是向下流入你的大腿、膝蓋與小腿？請感受一下，與這一能量流保持連結時，你會以完全不同的視角看待生活中的許多事情，你會意識到，自己是一個強大、獨立的生命體，遠大於生活中所發生的一切，也包括那些激烈的情緒與強烈的感受。有一個大於這一切的存在，那就是你。

聆聽「真我」的力量與願望

如今，許多人需要的是安全感，以及屬於自己的空間，你們社會中的既有體系尚無法為你們提供這種安全感與內在空間，因此，需要為人們帶來更富於彈性的新架構。這一新架構源自於**內在的自由與智慧**，而非建基於恐懼與掌控。你們，對我所帶來的訊息心有共鳴的你們，正是新架構的引介者，你們常常認為，自己在地球上孤身奮戰，形隻影單地生活與運作，然而，你們的行為、思想與感受確實會創造不同，僅僅是相異的思維方式，就能夠創造不同，對他人產生影響。

外在的一切變化皆始於內在，內在重於外在，你們的所思所感至關重要，因此，不要盲目地緊盯著所謂的「輸出」、緊盯自己在這個世界上所顯化的成果，我邀請你們走入內在，至於「走向內在，重新找到自身力量」這一步產生了什麼樣的外在效果，就是驚喜了，你現在是無法預測的，你也無需在這上面消耗自己的精力。決定擁抱自己的腹部力量，這一強大的靈魂力量，就好像是轉動了插在門上的鑰匙：你啟動了內在更高的智慧源泉，生活的畫卷自會隨之展開。

走向內在，這需要勇氣。有時，讓自己委曲求全，去適應周遭社會中的各種期待、習慣與常規，顯得更容易一些，這其中隱含著一種強迫感，一種吸扯力，甚至會令人上癮。擁有歸屬感、受到他人的敬重，這會帶給人良好的感覺，可是，如果你同時感到備受束縛，無法表達真正的自己，這又是什麼樣的代價呢？

那鮮活、獨特、生機勃勃的腹部力量直接來自於你的靈魂，只有在你全然接納這一力量的情況下，才會感到充實。這一過程的第一步即是於內在與那些並不適合自己的架構、要求與期待拉開距離，這樣做需要勇氣。**下沉於腹部，與內在的自發性及最**

深層的衝動建立連結的過程中，體驗到形形色色的恐懼，這並不奇怪，你需要一次次地重複這一過程，經常與自己的腹部力量建立連結，不斷地提醒自己，自己的真實核心、靈感源泉及人生意義，皆可以在這裡找到。

現在，我再次邀請你們沉入腹部，與這一寂靜中心建立連結，感受從那裡流向地球的能量流。感受一下，你可以自由無限地與地球，與其本質核心建立連結。你與地球都是強大的靈魂，地球歡迎你。

現在，請問問自己：**「我如何才能在日常生活中更好地覺知與彰顯自己的力量？我都需要什麼？可以採取什麼具體行動來實現這一目標？」**

穩固錨定於自己的內在中心，保持與地球的連結，然後問一問：**「我對自己的最深願望是什麼？」**感受一下那正在對你傾訴的「真我」，它居於波瀾起伏的情緒與心情所在的層面之下，那是真正的你， 其經歷遠不止這一生，如今又回到地球更好地認知自己、彰顯自己。或許，你並不會立刻得到某一具體的回答，此時請留意自己都感受到了什麼，又渴望什麼，或者覺得自己還缺少什麼。或許你所渴望的是某種感受，比如更加自由、更加輕鬆，或者更多的靈感與啟迪，任畫面或念頭自由地升起，信任腹部能量流所具有的本能智慧，**不要長久地沉於思考，跟隨這一能量流，順其而行。**

如果你在日常生活中經常進行這一練習，在寂靜中與自己建立連結，就會帶來變革。回歸內在的寂靜，會使你自然而然地放下，你開始聆聽來自「真我」的聲音，因而創造改變。這種改變不僅僅是為了你自己，也為了周遭的社會。

第四章 擁抱憤怒

我是抹大拉的馬利亞，我是你們的姊妹，與你們志同道合的人，帶著友誼，我來到這裡。我看著你們所有人，藉由內在之眼，我能夠感受到你們的心。因為你們的到來，我的心中充滿了喜悅，你們是旅者，帶著內在的火焰，帶著一顆尋覓之心，帶著願望，以及想要在這一時期輪迴於地球——進入你生命旅途上的此時此地——的內在知曉，勇敢地踏上了輪迴之路。你們的靈魂做出了選擇。

「情緒」是指引你的明燈

請感受一下，**感受心中的靈魂，你的靈魂**。與源頭建立連結，它正是你的創造者，你之地球人格的創造者。於心中大聲地喊出你的名字，感受一下，你正是你之靈魂的受造者，你們是一體的，只不過你的靈魂參與所有的實相，而你的地球人格則主要聚焦於這一生，在此時此地，在肉身中，在這個物質實相。

靈性成長關乎於你與自己靈魂之間的互動，靈魂並非全知全能的，靈魂想要借助你，藉由你來體驗。你在這一生中積累與發展了一定的知識、經驗與本能反應，這對你的靈魂來說彌足珍貴，能夠助其學習與成長；反之亦然，你，輪迴為人的你，能夠受到靈魂的啟迪，因為它擁有你——深陷三維實相的你——較難抵達的智慧與知識源泉。

因此，靈魂與地球人格之間存在著一種互動。請敬重你的地球人格所具有的內在知曉，不要認為自己低於靈魂，你們之間的關係是平等的。

那麼，你的地球人格所具有的智慧又是如何彰顯的呢？如何與其建立連結？藉由你的情緒與你的腹部。心是靈魂的基座，如果你允許其進駐其中的話，**心是你與「天堂次元」之間的橋梁**，你來自那裡，那裡是你的家。**請與位於胸部中心的心輪建立連結**，感受一下那裡的輕盈，如果你感覺心的周圍還是比較沉重，請繼續深入下去，前往核心深處，穿越物質性的層面，感受一下核心處的輕盈，一直深入下去，直至你感受到光。與此光建立連結，感受一下，你是如此地豐裕，你已在宇宙各處經歷過無數次的輪迴，有著如此豐富的經驗，這些經歷使你得以積累智慧、發展慈悲，它們屬於你，請接納它們。這些在光之天堂可以輕易體驗與獲得的智慧與愛，請接納它們，允許它們流入你的心中，就在此時此刻，不要拘謹，坦然地接納它們。

現在，在保持這種狀態的情況下，我邀請你將注意力沉入腹部，在你的腹部也有一個能量中心，這是你的地球人格所在的能量中心。好好地找一找，找到這個中心，自內而外地感受一下：「呀，那裡有一個地方，感覺好像是錨、基座或能量中心。」將意識完全聚焦於那個地方，如此，你能夠感受到，那裡的氛圍與能量不同於心之層面，腹部層面的能量比較稠密、堅實，三維物質世界的能量特性更為顯著；相較於你最初極為熟悉的、輕盈的天堂能量而言，地球實相的能量較為沉重與稠密。帶著自身之光來到這裡，輪迴於地球，並非輕而易舉之事。

我想強調一下，腹部中心對於地球生活是必不可少的，請尊重並認真對待自己的腹部，以及蟄居在那裡的一切情緒，將其看作是你的心、你之靈魂的平等夥伴；否則的話，你的腹部會逐漸變得空虛荒蕪，毫無生機。**若你試圖僅憑心靈能量在地球實相中彰顯自己，你會缺乏通往這一實相，以及活躍其中的一切能量的橋梁**，缺少不可或缺的工具。

有意也好，無意也罷，你們當中的許多人拒絕入駐自己的腹部能量中心，這是為什麼呢？為什麼想要逃離腹部，為什麼無法輕鬆自在地居於腹部？因為你們對腹部心存評判。沉入腹部中心的話，你們會在那裡遇到許多強而有力的能量，這些都是非常人性的情緒，比如恐懼、憤怒、絕望、欲望、激情、希冀與渴望，這些能量都攜帶著強大的力量，而你們則對其望而生畏，因為那些情緒可能會擊垮你們，使你們淹沒其中。對你們來說，停留在心靈層面顯得更為輕鬆自在，其中一個原因是，你們是高度發展的靈魂——你們高度敏感，帶著使命來到這裡，為將地球意識提升至心靈層面，提升為心靈意識而付出一臂之力。

這是你們感覺居於心靈更為自在的一個原因。除此以外，你們中的許多人還對地球實相心存牴觸，一些人還因多次輪迴中所經歷的痛苦與暴力，而對腹部心存警惕，甚至是敵意，你拒絕再次臣服於這一實相，然而，你需要接納與尊重自己的腹部區域，因為它是通向輪迴於地球，將靈魂能量沉入地球實相，真正活在世間的橋梁。這是你最深層的願望，儘管這同時也會喚醒舊痛。為了能夠做到這一點，你要認真對待自己的情緒，就是說，不要認為它們「層次較低」，而是將它們看作指路明燈，為你指明方向的寶貴工具。

釋放腹部中心壓抑已久的憤怒女性

現在，讓我們一起來做練習。**請再次回到你的腹部中心，然後喚請一位憤怒的女性出現**。安住於腹部，並想像一位女性向你走來，她滿懷憤怒，而且她的憤怒顯而易見。也許她正在高聲嘶吼，抑或因為憤怒而滿臉通紅；也許她緊握雙拳，抑或氣憤地跺著腳，**請允許她全然地表達自己的情緒**。感受一下，憤怒的吶喊從她的腹部升起，沖過肺部、喉嚨和嘴，沖出雙唇，她受夠了！長久以來，她一直壓抑著強烈的情緒，如今這一情緒想要獲得釋放。她需要你的允准，你能否允許她這樣做？請感受一下這位女性內心的誠正與真誠，**她釋放憤怒，並非想要傷害他人，這是她表達自己的一種方式**。她試圖與自己的本質核心建立連結，因此她才高聲吶喊，**藉由吶喊，她喚醒自己**，以能找回業已迷失的那部分自己，將其帶回家。

你們所有人之內都攜帶著這種憤怒，這幾乎是不可避免的，因來自家庭、教育體系、社會及諸多前世的限制性影響，你內在某一強大、真實的部分遭到忽視，後果則是，心中充滿無力感，不敢展現真正的自己，害怕自身的力量，失去與自己的連結。解放自己的第一步是，**接納自身的憤怒，不再將其看作是無禮之舉**，允許憤怒的存在。從本質上講，憤怒甚至不是攻擊性的能量，而是對「做自己」的深度渴望，對放下舊有負擔的深度渴望，僅僅在心靈層面上運作是無法從這些負擔中解脫出來的，你的心能夠看到並理解這一切，了知事物的所有面向。

舉例而言，假設你曾是暴力行為的受害者——無論施暴者為何人，心不僅會站在你的立場上思考，理解你，亦會站在施暴者的立場上思考，理解施暴者。心擁有普世之愛，這是其強大之處，然而，還有地球人格、心的承載者。地球人格曾備受傷害，在情感層面上飽受折磨，傷痕累累，想要讓自己從這些情緒重負中解脫出來，就必須要**沉入腹部，覺知與接納蟄居在那裡的憤怒、無力感與憂傷**，甚至是極度的憂傷，只有借助於這種方式，你的靈魂才能真正地沉入腹部層面。因此，如果你在日常生活中遇到自己內在的憤怒女性，請接納她，允許她表達自己。

日常生活中，感到惱火、氣憤或不悅的時刻並不鮮見，請認真對待。這非常重要，請認真對待！它無異於心之呢喃，也是你之本質核心與你溝通的方式。正是這些真實、鮮明的情緒能夠充分地讓你看到，你目前正處在人生道途的哪個階段，處於靈魂與地球人格共舞的哪個階段。**請認真對待它們！接納憤怒，與其合作**，就像與其他靈性力量合作那樣，和來自天堂的天使一樣，**憤怒也扮演著指導靈的角色**，這一情緒想要帶給你重要的訊息，關於**「你是誰」**，以及**「你需要做什麼」**的訊息。

若想與憤怒建立連結，請允許憤怒進入你的身體層面，以開放、中立的態度感受一下，憤怒會彰顯於你身體的哪個部位。任憤怒之波在你的體內湧動與擴散，現在，開始與自己感到氣憤的那一部分對話，允許出現在你面前的憤怒女性表達自己的感受，將聽到與感受到的一切都記錄下來，將它們轉譯成人類的語言。認真對待自己所感受到的一切，她對你說出或喊出的所有話語，問問自己，該如何做才能滿足她的需求。

試著向對方誠實地表達憤怒

接下來的問題則是，如何對待所獲得的洞見與資訊？又如何將它們運用於日常生活中？首先，**憤怒是對你發出的信號，是你與自己溝通的一種方式，清楚地接收到它所帶給你的訊息，就可以將其轉化成走進外在世界的一步：對他人更加明確地表達自己的態度，在心中不情願的時候敢於說「不」**。得到整合的憤怒，會導致與他人更加真誠的溝通，真誠地讓對方瞭解自己的感受，因此，**「允許自己憤怒」與「將自己的憤怒肆意發洩在對方身上」是截然不同的**。首先，你要於內在做工，也就是說，接納並理解自己的憤怒，之後再轉向外在，問問自己想要做出哪些改變，並向外在世界表明自己的意願。

請不要忘記，生某個人的氣，同時也說明你在乎對方，否則你是不會生氣的。**對於你根本不在乎的人，你是不會生氣的**，無論這個人做什麼，都會如風一般飄過，不會真正地觸動你。因此，請記住，**當你因某人而生氣的時候，你心中一定也有對對方的愛**。如果你壓抑自己的這種憤怒，因為你覺得保持友好與理解的態度是更高更善的行為，那麼，你就切斷了與對方一半的連結。你對愛說ＹＥＳ，對自己內在那真實的憤怒、對自己的地球人格說NO，然而，你的地球人格並不是較低的那個「你」，其與充滿愛的那個「你」一樣，都是你。你，作為人，受到了傷害，感到痛苦，與對方分享這一面向也是愛的展現，充滿人性的愛，你讓對方看到，他／她的所言所行觸動了你，也就是說，**對方擁有觸動你的能力，這其實是一種褒贊**。人們能夠本能地意識到這一點，能夠感受到你的真誠。事實上，你藉由表達憤怒來給予，你與對方分享自己所受到的觸動，讓對方知道你在乎他／她，這也是愛。

不過請注意，我所謂的**「誠實地表達憤怒」**指的是：**清楚地表明自己的感受、自己的內心體驗，以及自己有多受傷**。借助內在力量來表達憤怒並非譴責他人、將一切過錯都推在他人身上、責斥他人，或者故意傷害他人。憤怒是與對方**開誠布公地分享自己的感受**，「憤怒」與「攻擊性」有著天壤之別，富於攻擊性的話，會想要傷害對方、使對方痛苦，長期壓抑自身的憤怒，往往會導致這種衝動；然而，純粹的憤怒是一種接地的能量，其目標在於重建連結，而非切斷連結。

最後，我邀請你再一次帶著全然的意識覺知沉入腹部。你的意識覺知是一個開放的空間，一個接納、歡迎卻不評判的空間，請帶著開放與好奇之心看一看居於腹部的一切，看一看那裡的情緒。

感受一下，地球承載著你，她是你的母親，她協同創造了你的身體。感受一下位於脊柱底部的海底輪，靜靜地感受：地球是我的家，這裡歡迎我，歡迎我來這裡認知自己、綻放自己。

第五章 男子氣概的新定義

我發自內心地問候你們，感恩能夠與大家在一起。這是一個新的時期，你們正在經歷與體驗新意識在地球上的誕生，這一新意識已長出鬚根，可以說「新紀元已經到來」，於內心深處，於靈魂層面，你是知道的。來地球輪迴，開始這一生之前，你便已決定要為這新的轉變付出自己的一臂之力，已經有越來越多的人受其觸動，因之覺醒。

男性能量本性柔和，果斷又慈悲

到底是什麼新意識呢？你們都攜帶著久遠的過去，不僅僅是這一生，還有此前的生生世世。長久以來，地球上的能量一直充滿了恐懼與抗爭，在物質、情緒與精神層面上為了生存而戰，你們在過去的生生世世中試著播下「基於心靈的新意識」的種子，這並非輕而易舉之事，因為，長久以來，那專制的男性能量一直主宰著人們的生活，內在、外在皆如此。那專制的男性能量對你們有深刻的影響，並不僅僅與你面對面，也被你有意無意地內化。也就是說，專屬這能量的思維與運作方式已經不知不覺地成了你的一部分，其往往**以一種冷血、強硬、充滿評判與指責的聲音表達自己**，這一聲音就在你之內。

專制的男性能量源於恐懼。男性能量脫離了女性能量，兩者之間本然的平衡遭到了破壞，男性能量開始獨立自主地運作，與感受及「整體」失去了連結，迷失的男性能量想要主宰與掌控，並由此失去了對自然、對地球、對一切萬物的敬重。這冷漠麻木、渴求權力的能量亦藉由宗教彰顯自己，從基督教的發展歷史中便可以明顯地看到。原始基督能量那充滿活力的源泉，無法在這些等級分明的冷血機構中蓬勃發展，基督能量不得不轉入地下，那些公開傳播此心靈能量的人則被施以暴行，甚至被奪去生命。

你們，正在閱讀這些文字的你們，正是感受到與基督能量之內在連結的人，在某一前世，你們便已建立了連結，這是你們所攜帶的靈魂記憶，你們將其與因傳播基督能量而受拒的痛苦混淆在一起。我是你們之中的一員，作為抹大拉的馬利亞的那一生，基督能量的力量與智慧深深地觸動了我。在我生活的那個時代，女性藉著內在覺知、自身力量以及獨立自主的精神來彰顯自己的行為，並不會得到認可與尊重，儘管如此，內心深處的熱忱激勵著我，使我有勇氣脫離既有體系。我跟隨在約書亞身邊，他既是我的親密愛人，也是我的老師，在我們的關係中，我感覺自己受到全然的尊重，他完全看到並接納我的靈性體驗、內在覺知及人性的各個面向，與他的相遇使我於內在獲得了療癒。

然而，我卻遭受到既有體系的蔑視與嘲弄，甚至還有耶穌身邊的那些男人，他們並不把我當回事，無法彰顯自身的女性能量，不能做自己，這股創傷長久地困擾著我。我在地球上輪迴了不止一次，直至今日，我依然非常關注「創造兩性能量之間的新平衡」的過程。我想告訴你們，這一時期，根本性的轉變正在發生，為我帶來了新的希望。

如何才能重建兩性能量之間的平衡，如何才能作為「一顆活躍之心」的兩面而運作呢？在我看來，關鍵之一在於你們**對男性能量之理解的轉變**。在你們眼中，男性能量已逐漸等同於當權者那種依賴理智的專制能量，長期以來，這一直是男性能量的榜樣，深受此能量的折磨並成為其受害者的不僅是女性，毋庸置疑，她們的權利長久地遭到褻瀆，因這一令人備受壓抑的傳統，女性擁有深深的自卑感。不過，也請看一看它對男性的影響。**男性天生也擁有女性能量：其敏感、共情的一面**。在這一專制的傳統思想體系中，敏感的男性往往備受評判，被看作是不如他人的人；同性戀男性更是飽受這一偏見的折磨，他們遭到憎恨與評判，因為他們不符合這個社會灌輸給人們的標準男性形象。如今，這種情況並未得到全面的改善，對「男子氣概」的片面定義，不僅使女性備受傷害，也觸及與損害了男性的心靈。

男性不可以從心而行、不可以聆聽直覺、不可以與他人建立連結，否則會被看作是「沒有男子氣概」。「男子氣概」被不斷縮減成以控制和掌管為目標的，剛硬線性的態度，然而，這只是男性能量的一種貧乏且極具破壞性的變體形式，完全不同於基於心靈的男性能量，那頻率更高的男性能量本性柔和，充滿了關切，既堅定果斷，又滿懷慈悲，比如約書亞就彰顯出這一能量。事實上，這正是基督能量的男性面向，過去，受到排斥的並不僅僅是以直覺、共情與連結為典型特質的女性能量，以基於心靈的領導力、辨別力與行動力為典型特質的成熟的男性能量亦未能倖免。

放下誤解，接納自身的男性能量

現在人們常常提及女性能量的重生，我想強調一下，這「重生」其實也適用於男性，只有這樣，這個世界才能重獲平衡，這並非僅關乎女性的權益，男性與女性皆需重新理解「女性氣質」與「男子氣概」的內涵。**男性需要重新去感受、去連接**，如果他們能夠**放下「這不像男人」的觀念，就能夠將心與腦連接在一起**，並以此為基礎運作；女性則需要重獲力量、占據屬於自己的一席之地，如果她們能夠放下「這不像女人」的觀念，就能夠關注與實現自己的願望與天賦，真正地彰顯自己。

只有與已被療癒的男性能量共同合作，女性能量才能獲得重生與綻放。對男性能量的重新定義，能夠幫助男性自由地擁抱自身女性能量，也幫助女性接納自身的男性能量，認可它的價值及它所賦予自己的力量。

許多女性都難以擁抱自身的男性能量。

過去，眾多女性曾遭受到殘暴的男性能量的傷害，並因此於內心敵視「男性」，「不信任感」根植於內心深處，許多女性心中懷疑，在與男性的關係中，自己是否真的安全、能否真正放鬆。女性集體意識中擁有累世的舊有記憶，關於性暴力及個人羞辱的記憶，**生活在地球上的每個女性，都於內在攜帶著女性集體創傷的痕跡**，此創傷源自於若干世紀以來女性所受到的壓制，這一痛苦回憶及由此而生的對男性的敵意與不信任，所導致的結果是，女性對男性能量本身持有負面的印象，她們不再區分基於恐懼、追求權力和掌控的男性能量，與基於心靈、充滿愛、力量和公正的男性能量，她們拒絕男性能量，以至於她們與男性（尤其是與自己的關係）受到了極大的影響。

在與男性的關係中，她們內心的痛苦彰顯為強烈的吸引與排斥。她們想要擁有男性伴侶，但與此同時，卻又排斥他，因為她於內心深處並不相信他，她感覺他與自己在本質上是不同的，並無法真正理解自己，這使她難與他建立真正的靈魂層面上的連結。然而，這一創傷在她與自己的關係中所導致的後果更為嚴重。**如果女性拒絕自己內在的男性能量，她會使自己變得軟弱，難以完全發揮自己的潛能**，女性內在的男性能量使其為自己挺身而出、設定界線，並依據內心的感受說「不」，因內在的男性能量，女性能夠覺知自我、變得獨立，這帶給人一種充滿力量的感受，截然不同於被壓抑的感受——女性常常將之與男性能量聯繫在一起。感受到自身的內在力量，並擁有自信，這正是當前眾多女性所需要的，以能夠保護與支持自己那共情、愛與溫柔的女性特質。作為女性，你需要男性能量，首先且尤其是自身的男性能量！也因此，瞭解與認知基於心靈、充滿愛的男性能量是如此地重要，否則的話，你會繼續不知不覺地抗拒與排斥自己內在那（更高的）男性能量。

這樣做的結果呢？許多女性學會了對他人付出、關懷他人、與他人建立連結，這些品質被看作是美德。不過，如果你天生（非常）敏感，擁有一顆開放之心，這種心態往往會使你失去界線，被他人的情緒與痛苦淹沒，並會出現與「高度敏感」有一定關係的典型問題：能量上的流失、在關係中施遠大於受、難以腳踏實地生活、身心上的不適，甚至是憂鬱與絕望……這些問題往往是因為，女性能量相對過盛，未能借助堅定果斷、界線明確的男性能量建立兩性能量的平衡。

擁抱並融合自身的兩性特質

為了能夠與他人建立基於心靈、基於理解與同理心的連結，就必須要根植於自己的內在中心，男性能量——亦即「我」之力量，會助你實現這一點。對女性而言，擁抱與運用自身的男性能量以認知與尊重自己的需求，這樣做能夠使自己更好立足於這個物質實相，為自己挺身而出、設定界線，這並非「太自我」的行為，卻恰恰是基於心靈的男性能量的展現。這一更高的男性能量能夠保護你，為你打下堅實的根基。想要藉由自己的女性能量與他人建立連結，並對他人保持開放的話，這是不可或缺的。

泛泛而言，男性則恰恰相反。他們會因允許與接納自身的女性能量、自己的感受與直覺而受益。**如果一個人總是藉由頭腦來面對生活中出現的種種問題，就會失去與自己的連結**，因為頭腦常常受控於並非來自於自己的思想與觀念。先於內心深處覺察與接納自己因這一問題而產生的情緒，然後透過全然地感受這些情緒，升入心靈的層面，洞察與瞭解自己真正想要什麼，以及什麼對自己才是重要的，如此這般，答案自會浮現。與自身女性能量的連結，能夠幫助男性更加走近自己、更加腳踏實地。

至此，我概括描述了連接基於心靈的男性能量如何療癒女性，以及連接基於心靈的女性能量又如何療癒男性，這只是一個大致的、泛泛的描述。有可能，某位女性天生便具有較強的男性能量，也因此對其有益的反而是加強與自身的感受及女性面向的連結，你自己對此的感覺最準確；也有可能，某位男性天生敏感，恰恰需要於內在尋找更高的男性能量，以保護自己不受外在刺激的影響。

你們每個人都是獨立的個體，就男性能量與女性能量對你們的內在影響而言，每個人都有自己獨特的構成比例，無論這一比例為何，找到對「男子氣概」的新定義，尤其是基於心靈的男性能量的活生生榜樣，對你們都大有助益。藉由**擁抱自身的男性與女性能量，將其看作是同一源頭——愛之源頭——的兩個面向**，你自己便可以成為這樣的榜樣。

第六章 擁抱自己的個體性

我是抹大拉的馬利亞，我發自內心地問候你們，我想要告訴你們，我們一直在幫助與陪伴著你們，自始至終都是如此。在超越地球實相的次元中，也有與你們志同道合的存有，他們是愛你的靈魂，真正具體地愛你這個人，而不僅僅是抽象、普世的愛。這些靈魂對你並不陌生，他們曾經與你一起行走在成長之路上，在其他的時間段、其他的地點。

輪迴無異於臨淵一躍，然而，你依然與「彼岸」的一些朋友保持著連結。他們之中的一些存有，已經在成長之旅上走得很遠，能夠以更為寬廣的視野縱覽你的人生之路，看到你目前尚無法看到的景象，你們稱其為「指導靈」；另外還有一些存有，他們與你志同道合，曾經以家人或摯友的身分陪伴在你的身邊，請感受一下他們的存在與陪伴，即便你並不知道他們具體是誰。他們能夠聽到、看到你；他們尊重你，如你本然的樣子；他們敬佩你，為你縱身躍入地球實相的勇氣。

輪迴於地球的生活，每一次的輪迴，都是至關重要的，都是對你靈魂之旅的寶貴貢獻，即便是負面的體驗，也產生了彌足珍貴的作用。你當前所體驗的痛苦，如擊水之石，激起陣陣漣漪，使人倍感痛苦或備受創傷的經歷，更會引起能夠穿越時間的漣漪，在其他的時間點或地點，你會覺察、認知這些漣漪，理解並珍視這些體驗，不僅如此，事後產生的理解，亦會如療癒之脂膏，回到過去，療癒舊有的創傷。

你們漫長的靈魂之旅上，所有的時間段及所有的「當下時刻」都是互相關聯、互相影響的，沒有任何事情「已完全成為過去」。當你穿越時間回溯某一前世之際，會將自己的意識覺知加入過去的某一時刻，此時，會出現一種雙向的流動：從過去流向現在，從現在流向過去，你的靈魂以這種方式豐富自己；不僅如此，這樣做還會使你更加明瞭，你遠大於自己當前的地球人格，遠大於自己當前所是的這個人——一位男性或女性。此地球人格僅僅是通往你之靈魂的通道之一，還存在著許多其他的通道。

你的靈魂有著豐富的經歷，每一次經歷都是某一宏大整體的一個組成部分，請敬重真正的你所具有的偉大性，人類的心智是無法理解這一偉大性的，請發自內心地接納它，感受一下，有一種智慧，它承載一切，為你的每一次人生賦予意義，超越人類理解範疇的意義。一切的一切皆有自己的韻律與節奏，有適於自己的時間與地點，有時，你需要在「知其然不知其所以然」的情況下進行更深的體驗，事後才會明白這一切都是為了什麼。

請敬重自己，藉由對地球生活說ＹＥＳ，你戴上蒙眼布，臨淵一躍來到這裡。現在，請對你自己和你內在的痛苦、恐懼與遲疑說ＹＥＳ，這些都是「人類體驗」的一部分，不要拒絕與排斥，因為這樣會導致內在的抗爭，你與自己的抗爭，這種抗爭遲早會將你扯離，使你離家越來越遠。請接納自己內在的一切，接納所有光明與黑暗的面向。

與內在小孩溝通

現在，我邀請你**與我一起回到你人生的初始階段，回到孩提時期**。想像你現在的身體變得越來越年輕，越來越接近童年，並仔細留意一下，當你穿越青春期，回歸童年的時候，都會發生什麼。感受一下，進入童年，年齡低於十歲以後，性別已變得不再那麼重要；回憶一下，性別意識對自己的主宰尚不強烈之際，自己是什麼樣的感受，感受一下自己當時的開放與「初生之犢不畏虎」的精神，然後，讓時光繼續倒流，回到自己開始學習語言、建立觀念，亦包括各種標籤與評判的時期，進入嬰幼兒時期後，你的意識也會隨之變得更加開放、更具接納性，不評判，而是吸納。請再次感受一下，憶起自己那開放地靜察周遭影響的狀態，那時的你尚未遠離天堂次元——你來自那裡，地球次元對你的影響還不大，你對靈魂實相仍是敞開的。藉由從當前這一時刻重歸人生的初始階段，你與曾經的自己建立連結；不僅如此，你還能帶給那個「初生之犢不畏虎」的孩童一些珍貴的東西。

想像現在的你彎下腰來，俯身探向這個孩童，那個曾經的你，看一看他／她處於哪個年齡段，尤其要感受一下那時的你所攜帶的意識覺知，以及其與靈魂次元的連結。那時的你仍是「外來者」，仍帶著「新來者」特有的清新與開放，想像現在的你靠近他／她，用好奇的目光看著這個孩童，覺察其內在的天堂能量，蹲下身來，問問他／她：**「你想為這裡帶來什麼？你的靈魂想要為這個世界帶來何種財富？什麼才是真正屬於你、適合你的東西？」**

告訴這個孩童：「我會幫助你，我來自未來，過來支持你，引導你。」看一看這個孩童是否感受到你的存在，是否看到了你；若否，你可以輕觸他／她一下，深深地看入他／她的眼睛。如果你感到或看到這個孩童的真實力量及其當初想做出的貢獻，就請將手放在他／她的肩膀上，告訴他／她：「我會保護你，支持你，助你實現自己的目標。」感受一下你自身的力量，如今的你在這個世界上已經積累了一定的知識與經驗，感受一下現在的你所具有的智慧，並將這些智慧傳遞給當初的那個你，那個孩童。你與此孩童分享自己的智慧與人生經驗之際，也會同時從他／她那裡獲得一些東西，他／她的清新無染、自發性及所攜帶的真實能量，這些能量會直接流入你的心，這才是你！請在心中再次感受一下你與自己靈魂之間的連結。

你在這一生所集聚的力量及所積累的智慧，如防護罩一般環裹你的心，那裡居住著你的內在小孩，與你的靈魂保持著緊密的連結。你的內在小孩純潔清新，亦頗為脆弱，他／她需要你的人類智慧與人生經驗，以能在這個世界上生活與成長，藉由將自己的力量送回過去，你能夠激發此孩童的天賦與力量，他／她依然活生生地存在於你的內在，是通往你靈魂的橋梁。

許多成年人已失去了與自己靈魂的連結。孩提時代便在他人的引導與鼓勵下使自己的靈魂能量下沉，沉入自己的地球人格，這並非自然而然、不言而喻之事。在人類歷史上，「個體性」曾長期被視為禁忌，某些宗教體系中，強權力量不斷地壓抑人們的個體性，統治階層想要信眾俯首貼耳地順從自己，因此，他們反對個體性與獨創性，反對特立獨行與自我綻放。他們透過各種教義，有關「人是什麼樣的生物，又該如何生活」的教義，來施加影響，比如，有的教義宣稱，人在本質上是有罪的，具有行惡傾向，只有他們之外或之上的力量才能拯救他們，將他們從所犯下的罪孽以及與生俱來的原罪中救贖出來，能夠拯救他們的是某一權威，亦即為人們制定規則的「神」，不僅如此，只有極少數人才瞭解「神」所制定的規則。這些擁有特權的少數人以《聖經》或先知的話語為依據，在人間播種恐懼。宗教與暴力也變得密不可分，他們以「更高」的存在、目標、利益為名，不斷地向人們施威，無論是在身體層面上——迫害異見者，還是在精神層面上——摧毀自愛、自我價值感與個體的自我表達，皆如此。

歷史上這些身體與精神層面上的暴力，為人們造成了嚴重的心靈創傷；如今，漸漸地，你們的世界開始進入新的篇章，一個自由與個體性越來越受歡迎的新世界，這也會逐漸開啟通往靈魂的門戶。在諸多面向上，**人類生活皆已誤入歧途的原因是：人們與自己的天性與本質日漸疏離，與自己的靈魂與個體性缺乏連結**。

你們是開創通往靈魂之路的人。首先，你們於內在層面上為自己開通道路，由此，你們成為光之工作者：在自己的靈魂與地球人格之間開創光與覺知的通道；由此，你們變得敏感，敞開心扉，亦學會沉入情緒層面，認出恐懼的聲音，聆聽自己的內在直覺。你們並非僅僅在這一生才開始這一內在工作，而是早已啟動這一過程，在某些前世，你們被迫與世隔絕、隱藏自己的真實本性；而現在，時機成熟，是時候閃耀自身之光，在人群中、在社會上真正地做自己了。

基於心靈的男性能量能讓你達到寂靜的內在知曉

不過，這會在許多人心中喚起恐懼，喚醒他們對於過去的記憶，那些有關「因展現自己的內在真相，而遭到壓制與審判」的記憶。不僅如此，讓自己的言行建基於與靈魂的連結，這樣做時，甚至有可能體驗到致命的恐懼。此時，你們所需要的正是「腹部的力量」。

你們那居於腹部的力量本具有很強的「接地性」，**當你帶著全然的意識覺知沉入腹部之際，你能夠很好地「接地」**，你感覺自己堅實穩定，可以做自己，真正的自己；而且你心中充滿安全感，知道自己是被敬重的。試著以此為基礎，與靈魂建立連結，聆聽靈魂的聲音，有可能，你接收到靈魂帶給你的訊息，卻不知該如何將這些訊息整合到日常生活中；也或許你感受到某些東西，卻不知該如何因應；抑或你感覺自己倍受激勵，卻不知該如何付諸行動。這種情況下，你們往往已敞開心扉，卻並未真正地居於腹部，許多高度敏感的人皆如此，這與我前面提及的歷史不無關聯，因形形色色的打擊與壓制，你們難以獨立思考，獨立做出抉擇，你們中的許多人都已將自己的能量從腹部抽離。

為了能夠更深入腹部區域，你需要借助自己的男性能量，那敢於說「不」、為自己挺身而出的能量，能夠助你衝破舊有傳統，敢於與眾不同，偏離既有軌道，這是你之靈魂所具有的更高的男性能量，無論你是男性還是女性皆如此。男性能量能夠助你更深地沉入腹部，藉由拒絕並不屬於自己的東西，為真實、真正的自己創造空間。

過去那施展權威、播種恐懼的男性能量，是一種缺乏接地性的男性能量，如迷途羔羊，感覺自己仿若流水中的浮萍，並因此而想要掌控與主宰生命；而基於心靈的男性能量則為你提供有力的保護，帶你回家，這種保護能夠助你將自己的靈魂能量更深地沉入腹部，如此這般，你會感受到來自地球的承載。藉由與腹部的連結，你能夠感知適宜自己人生道途的韻律，「真正的直覺力」與感知適合自己的韻律有著直接的關聯。

當前什麼對我最為有益？我又真正需要什麼？你不能僅憑心的能量來感知這些問題的答案，其所處的能量層面依然偏高，你需要的是：**調諧於腹部**，那種身體上的、近乎本能的調諧。這種狀態下，你所感知到的答案是一種寂靜的內在知曉，這種狀態下，你能以腳踏實地的方式接收靈魂帶給你的訊息，並作出明確的抉擇。

最後，請再次觀想一下這個孩童，**那個孩提時代的你**，**想像其出現在你的腹部**，並感受一下其所攜帶的靈魂能量，想像你在其周圍設置了堅固的光之護罩，這為其提供了屬於自己的空間，從而不會因各種外在影響與刺激而忘記自己真正是誰。此護罩即是為你挺身而出、保護你的男性能量。請在自己的尾椎、雙腿與雙腳處感受一下，感受這一接地的男性能量所提供給你的保護。接下來則是你的整個脊柱，以及雙手，感受一下，因這有力的保護，這個孩童能夠安全地在你的腹部嬉戲，安然地閃耀自身之光。

你們是新紀元的火炬手，請保護自己，敬重自己，從而將自己的靈魂之光帶入地球實相，播下新意識的種子。如此，你們便能實現自己的人生使命。

第七章　老靈魂是新地球的築橋人

我發自內心地問候你們，我是抹大拉的馬利亞，與你們志同道合的人，我是你們之中的一員，我們都是同一個大家庭的成員，我是你們的姊妹，我們是平等的。我想要鼓勵你們，帶給你們勇氣，因為我看到，你們當中的許多人有時倍感氣餒與沮喪，你們的內在充滿了光、生命感、創造力與智慧，然而卻因保守頑固的周遭環境而變得日漸氣餒。地球實相中的暴力、消極與殘酷對你們影響深重，人與人之間的互相傷害，無論大小，都深深地觸動了你們。你們於內心深處渴望一個不同的世界，一個基於合一、心靈價值、共同利益、兄弟姊妹情誼的世界，你們是如此地渴望這一新地球、新世界，有關新地球的承諾一直縈繞在你們的記憶深處，藉由自己的靈魂記憶，你們對這個新世界有著一定的知曉，了知這一承諾，並想要助其彰顯於地球，甚至恨不得立竿見影，就在此時此地；進展的緩慢、你們在地球實相中所經遇的種種阻力，皆使你們感到難以接受。

靈魂年齡之於光之工作者

現在，我想進一步談一談你們是誰，談一談你們的靈魂，以及你們那光之工作者的靈魂家族。我想借助**「靈魂年齡」**這種說法來進行描述，儘管每個靈魂的本質核心皆具神性，亙古永生，不會死亡；然而，你，作為靈魂，也會經歷一個成長的過程。曾經的某個時刻，你開始輪迴於地球；曾經的某個時刻，你開始以某種生命形象，以身體為載具，進行輪迴，不僅在這個星球上，還有宇宙的其他地方。你正行走在某一偉大的探險之旅，偉大的自我成長之旅上，你的靈魂已經參與並體驗過各種的實相，如今，來到地球，投入地球實相中的生活。

正如你們人生中的不同階段，靈魂的成長之旅亦由不同的階段組成：青少年階段、成人階段、老年階段。處於青少年階段的靈魂，渴望體驗，相較於「內在」而言，其更加關注「外在」，在省察與整合自己的經歷與體驗，變得更加智慧之前，必須先「積累」經驗，因此，年輕的靈魂自然要投入更多的冒險，帶著渴望與生命熱忱在各個不同地方積累經驗。此外，正如你們在人類孩童身上所看到的，年輕的靈魂也同樣是純淨天真的，「年輕」的魅力數不勝數，比如初生之犢不畏虎、滿腔熱忱、精力充沛等；然而，隨著歲月的流逝，你漸漸長大，形形色色的挑戰陸續出現在你的面前。

成年後，你──**不僅僅是你的地球人格，還有你的靈魂**──開始專注於某些特定的領域，在這些領域中發展自己，開發自己的某些天賦與才能，靈魂亦如此。儘管你經歷過各式人生，以積累經驗，嘗試各種不同的事物，但每個靈魂都有其獨一無二的特質、天賦與才能，成年以後，你開始認知與運用這些特質、天賦與才能。這一過程與學著面對挑戰、痛苦與阻力是分不開的。

接下來，在某一時刻，你抵達一個關鍵的轉捩點。在靈魂層面上，從中年到老年的過渡往往以**「危機」**為標誌，而對人類而言，這種過渡可能會在你們經歷所謂的「中年危機」時出現。當然，也可能會提早（或延遲），出現在你們遭遇疾病、痛苦、死亡、離異或其他嚴重的、令人失衡的人生挫折之際。**危機降臨的時候，靈魂，或者意識覺知，必須要回歸內在，去感受，去消化**，尤其是身處危難之時，就更需要智慧，而來自老靈魂的經驗往往能夠幫助你，為你效勞。

對於靈魂而言，「進入老年」意味著「進入睿智階段」；同樣地，在年紀較大的人們身上，你也會看到他們所擁有的某些智慧，他們已經歷了不止一次的挫折，瞭解「不得不放手，不得不分離」是什麼樣的情境與感受。「年老的有智慧」這一點人人皆知，遇到問題請教年長之人，尋求智慧的建議（也許當今社會已不再如此盛行，但古代社會確實如此）是不無原因的。人們進入老年階段後更容易自省，從生活的旋流中退離，靜默沉思，享受寧靜。已經歷過生命的諸多面向，能夠從不同視角看事物的靈魂往往也比較敏感。青年時期的激情與熱忱逐漸讓位於細心謹慎，往往還有「溫和」，亦即不再輕易地評判他人，而是深入洞察，透過現象看本質，認真地感受對方，儘量理解對方。

以上，只是粗略地描述了這一成長過程。描述這一過程的目的是為了告訴你們：你們，作為**光之工作者**，在靈魂層面上已進入了**「老靈魂」**階段，你們**不再輕易地全身心投入這個世界，而是與這個世界保持一段自然的距離**；你們傾向於深入思考、考量事態的進展，以及事件的內涵與意義；不假思索地投入與參與，對老靈魂來說，並沒有太大的吸引力。

出生時便已攜帶著前世的憂苦

光之工作者的靈魂都具有面對深度危機——能夠顛覆人生之危機——的經驗。此處，我所討論的是靈魂層面，也就是說，危機可能出現在其他世或幼年時期，所謂的青少年階段、成人階段、老年階段都是象徵性的說法，是一種比喻。**你們當中的許多人出生時便已浸染滄桑，攜帶著來自前世的痛苦、憂傷與憂鬱**，這些前世中，除了幸福、豐裕、快樂以外，你們亦體驗到痛苦、憤恨、分離、失去與孤獨的深度。許多老靈魂的內在深處都蟄居著一種憂傷，這種憂傷並非因某一具體的人事物，而是一種負載、一種背景情緒，正因為這種負載的存在，對你們來說「全然地投入地球生活」已非理所當然之事，你們反而擁有「轉身」的空間，這也是「進入老年」所導致的自然而然的結果。

隨著年齡漸長，你們自然而然地轉向內在、轉向心靈；年輕的靈魂更傾向於「凸顯自己」，也因此他們自然而然地會將更多精力用於瞭解「自我」的能量；進入「後半生」後，又自然而然地回頭尋找合一，尋找與他人、與生命的連結，尋找潛在的意義，以及承載一切的一體性。你們於內心深處渴望歸家，鄉愁嫋嫋，縈繞心田，你們之中大部分人都帶著這種鄉愁來到世界，這完全符合你們的靈魂年齡，地球實相當前的能量頻率有悖於你們心中的能量頻率，你們想要實現的能量頻率，以及你們想要回歸的家園的頻率。

儘管這一事實令人心痛，卻也同時攜帶著一個承諾。你們是築橋人，構築通往新地球的橋梁；你們是先鋒，將基於心靈的能量帶給這個實相，你們帶著最為柔善的態度來構築這一橋梁：安靜沉穩地閃耀自身之光，不再像以前那樣與這世界進行激烈的鬥爭，而是真正地選擇智者之路。

那麼，何為智者之路呢？它又通向何方？首要的一步是：認知與瞭解真正的自己，看到自己的真正價值，看到自己是一個老靈魂，看到自己的智慧。我們之前討論過高度敏感及其陷阱：將他人的問題與情緒包袱扛在自己身上，然而，請不要忽視蘊含其中的天賦與才能。一世又一世，你們深刻地觀察與體驗了人類的各種情緒，請看到這些經歷為你之靈魂所帶來的豐盛，因自身積累的豐富經驗，你們能夠輕易地覺察與理解他人的情緒，**「高度敏感」象徵著成長——靈魂的成長**，你們一定要認知到這一點！看到自己的真正價值。

你們常常（甚至是過於頻繁地）認為自己是**「失敗者」**——姑且讓我這樣簡單粗暴地說，你們對自身的價值認識不足，你們靈魂所擁有的深度，以及你們由此而深刻體驗到的痛苦與敏感，是成熟的標誌，是你們的靈魂已經變得成熟的標誌。若能看到這種成熟所具有的真正價值，你會更好地呵護自己，並認識到，他人熱衷並深感刺激的一些事情，其實並不適合你自己。**你更需要安靜，回歸內在，找到自己的內在中心**，而且，這並不代表你有什麼弱點，而是展示出你的某個需求，完全符合你自身發展的需求。

如今我知道，一旦我談論「認知自身價值」時，就會涉及到「自我」這個詞，你們會說：「不是眾生皆平等嗎？我們並不比別人強，不是嗎？」當然，孩童並不強於或差於成年人或老年人，反之亦然。每個成長階段都有屬於自己的力量、價值與魅力，每個靈魂也都會經歷所有的階段。然而，在「意識成長」這一領域，你們是前輩，請接納並發揮自己的這些特質，**藉由認知自己內在的力量、智慧與導師資質，周遭那些不和諧的能量對你的影響將會變得越來越小**，你知道它們屬於這一含納各個成長階段的實相。你於內在變得越來越堅強，與自己的連結也變得越來越緊固，也因此，你漸漸地不再因世界上發生了什麼，或者未發生什麼而耿耿於懷，也漸漸地不再那麼介意他人是否理解你。

請看清自己的真正價值，敢於呈現自己的偉大，敢於與眾不同、偏離主流，而非從眾而行。這是你成長之旅上的必經之路。

切勿時刻都分擔痛苦

現在，請與我一起進行觀想，**觀想一位智慧的男性或女性老者出現在你的眼前，此形象代表你的內在智慧**。其目光深邃，經多見廣，不僅如此，在其眼眸中，你也看到了活力、幽默與綜觀能力。「老年時期」也同樣可以充滿喜悅與歡樂，因為你們已漸漸地不再執著於周遭的世界，而這恰恰是這個世界所需要的。亦即，**不再執著，以更**

寬的視野看待事物，不再輕易地評判。在地球實相中，你們是可以體驗到這種喜悅與獨立性的，請試著從自己所看到的畫面中汲取能量。

你們中的一些人依然在不停地與這個世界抗爭。這個世界上，痛苦與苦難無處不在，醜惡與不公比比皆是，這使你們備感憤怒、氣惱與失望；而當你以老靈魂的身分深入其中時，你所感受到的不僅是鬥志與憤怒，還有**深重的憂傷**，因為敏感的你能夠強烈地感受到他人細微的痛苦與憂傷，甚至還會出現身體上的反應。只要你珍守自己關於「這個世界將會或應該如何改變」的期待，就會使自己依賴於外在的某些人事物，請不要這樣做！**要認知與發揮自己那「長者」的智慧，用柔和的目光看待周遭的世界，不要時時事事都分擔痛苦**。這個世界因你的存在而受益，並非因為你針對不公奮起抗爭的行為，而是因為你在本質上擁有某一智慧與能量，一種朝向未來、朝向新地球與新實相的能量，**你越不執著於這個世界，就越能純淨地傳播這能量**，這會為世界、為眾人帶來改變；不過你無法預知改變是如何發生的，你無法對此進行掌控與監督，這不是你們在生活或工作中所進行的那種專案，你要放下，不執著於這個世界，同時卻全然地活在這個世界中。

希望我能夠協助你們看到，你們是如此地美麗，又藉著生生世世的輪迴，於內在核心處凝聚出如此令人驚歎的力量、智慧與深度。請為自己感到驕傲——如你所是的樣子，與自己和解，允許恐懼與情緒的存在，與此同時，認知與接納自己的形象、力量與尊嚴。就靈魂成長的階段而言，你正處於成為「老師」的階段，並非不停地說教、不斷地督促與推動他人的老師，而是**藉由做自己來展示何為心靈能量的老師**。

是的，只需**做自己**即可。請敬重自己，**如你所是**的樣子。

第八章　打開自己的通道

我是抹大拉的馬利亞，你們的朋友與同胞。在地球實相中，我被稱為抹大拉的馬利亞，這個稱呼反映了我的一部分，我的靈魂的一個面向。如今，我處於我之「完整靈魂」所在的層面，且與我的各個部分保持著連結，而作為靈魂，我又是一個更大能量場的一部分，是志同道合之靈魂所組成的網路的一部分，你們也可以將此網路稱為我的**靈魂家族**。現在，我之所以在這裡，是因為你們也與這**能量場**保持著連結，我們共同組成了靈魂家族。對此連結的知曉能夠在你的成長之旅上助你一臂之力，感覺自己被志同道合的人認出，了知自己與他人在靈魂層面上的連結，再沒有比這更美妙的了。這就好像經過漫長的跋涉，歷盡艱辛，終於回歸家園一樣。

請透過我來接收家的能量，感受一下你的靈魂家族的能量，無論這些家族成員就在此處、在地球上，還是正在彼岸，我們都陪伴著你。地球正在經歷巨大的變化，越來越多的人渴望能夠擁有物質財富與社會地位均無法帶給他們的東西，越來越多人感到這些外物無法使他們獲得自己一直苦苦尋求的充實感。簡言之，真正能使人感到充實的是「愛」：**愛自己**，以及**與他人充滿愛的連結**，「**溝通**」與「**連結**」**是愛的重要組成成分，若其匱乏，則會導致內在的空虛，這種空虛則會顯化為痛苦**，試圖用財產、成功或地位來填補空虛的行為，並不會消除這種痛苦，原因很簡單，它們並無法取代「溝通」與「連結」。

連結家的能量

剛剛我談到了回歸家園，回到志同道合之人身邊的喜悅。你們渴望「家的能量」，**與靈魂的全然連結**則是歸家的船票，與自己靈魂間的連結會帶給人們深厚的充實感。你們時而感受到的、對非物質的光之次元的思念，往往源自於你們的內在需求，希望與自己、與自己的內在核心、與自己的靈魂建立溝通的需求，一旦你回歸自己的內在中心，就會自然而然地感受到來自更大整體的呵護與承載。

現在，請感受一下，相對於你的靈魂，以及靈魂所屬的連結場，你目前處於何種位置？**觀想一道明亮的光**，**像陽光那樣照耀著你**，陽光溫暖了你的心，以及你的整個身體，這是你所感受到的家的能量，它正在呼喚你，使你心生愉悅，忘掉憂慮，請接納這煦暖的陽光……讓它帶給你溫暖。你來到這裡，來到地球，是為了憶起這道光，從而能夠在你的心中、你的體內蘇醒；從而能夠在你的人生中發芽成長，並以這種方式觸動地球，以及地球上的一切生靈。

想像你沐浴在這溫暖的陽光中，光最先接觸到你頭頂的**頂輪**，並從那裡汩汩流出，經由頭部進入你的**頸部**與**肩部**。靜觀光的流動，感受一下，光從頸部流入你的**心**，並藉由**胸部**，流入**胃部**，然後又經由腹部進入**尾椎**部位，讓它繼續向下流動，流入你的雙腿。先是**大腿**，然後在**膝蓋**處迴旋，接下來又從雙膝緩緩地流入**雙腳**，光流藉由你的雙腳進入地球。感受一下，你與地球之靈魂建立起溝通，她向你伸出歡迎的雙手。

正是這種方式，**你築起一道橋梁**，**一條連接天與地的通道**，仔細地觀察一下自己建起的通道。你的身體或者生物能量場之內，是否有阻塞這一光之流的地方？你感到那裡流動不暢，還是看到哪裡的光顯得有些晦暗？你身體的某些部位可能會牴觸你的靈魂之光，因為缺乏安全感，請用溫柔的目光靜觀靈魂之光，觀想當你看向它們的時候，目光變得更加溫柔、更加充滿愛。僅僅這樣，就會弱化阻礙。

連結內在的黑暗面

現在，請**阻礙你自身之光**的那一部分以某種形象展示自己：「讓我看一看你是誰

／什麼好嗎？」以開放而中立的態度請它顯現，不要強迫它，接納與歡迎出現在你眼前的一切。一幅畫面、一種感覺、某一回憶、一種顏色……無論出現什麼，都沒有問題，感受一下，當這一畫面、感覺、回憶或顏色出現之時，又有何種情緒隨之浮出水面，你的這一部分為何抗拒你的靈魂之光呢？這是有原因的。你可以假定這一部分對你的正向關注與聆聽持開放的態度，這是因為，它和其他的一切生物一樣，也尋求溝通與連結，它想要再次體驗喜悅，想要在你這裡獲得歸家的感覺。

輕聲呼喚你內在這一個充滿恐懼、憤怒與憂傷的部分，讓它看到你的雙手與心靈都是敞開的，看一看它是否會漸漸地走近你。或許它會顯化為**孩童**、**動物或怪物**的形象，任何形象皆可，此形象表達了某一情緒，也因此攜帶著某一訊息。此外，能夠助你一臂之力的還有，**感受一下你的自身之光在身體的哪一部位無法順暢地流動**，這種阻礙可能會彰顯為身體上的不適，無論這種不適有多麼嚴重，又多麼地令人煩惱，都不要對其心生牴觸，不要抗拒它。深深地歎息一聲，藉著此聲歎息，你接納它的存在，你接納這頑固的一部分，不去試圖改變它，這就是愛。你接納自己的這一部分，不去評判它，而是簡單地用意識覺知去擁抱它。從表面上看，你彷彿什麼都沒有做，然而，事實是，你已做了很多很多。

以這種方式任內在的黑暗面展示自己，會在你的靈魂層面上導致某種運動，或者說改變與動態變化，你無法監控這一運動，某一個更大的力量蘇醒過來，它超越了你的個人意志與智識。請信任它，順其自然，信任一切萬物皆有的，那「回歸家園，回歸愛與喜悅」的傾向，在宇宙最微小的粒子中，在一切生命中，皆蟄居著這一渴望，你無需在自己的黑暗面中刻意創造這一渴望。它之所以尚未歸家，原因在於你無意識的抗拒，你缺乏信任，你與流動於整個受造界的善與愛失去了鮮活的連結，並因此而感到難以想像，它們也是為你而存在的。

因此，**接納自己內在的黑暗面**具有非常深廣的意義，要以尊敬的態度對待它，不再試圖壓倒或摧毀它。此態度與你業已習慣的態度有著天壤之別，往往，你深陷於與自己的鬥爭中，將自己分為「**被肯定**的部分」與「**被否定**的部分」，導致問題的正是這種分別心。

請試著與自己內在的黑暗面合作與共舞，不要再拒絕與排斥它。你的靈魂擁有能夠帶你回歸家園、回歸你本初之光的天賦與力量，請信任自己內在那更偉大的力量，並看到，除此以外，你也是某一網路的一員，由志同道合的靈魂所組成的大家庭的一員，他們的力量也會流向你，正如你的力量會流向他們一樣。請信任這一承載你的基床。

第九章 療癒的核心

請於內心深處感受我的存在，在我輪迴地球的某一生中，人們稱我為抹大拉的馬利亞，我在地球上體驗過悲傷、愉悅、恐懼與勇氣；我扮演過各種角色，經歷過寄居肉身的輪迴之旅，就像你們一樣。「聖人」並不意味著已經超越了一切人類情緒，其標誌恰恰是能夠認出一切，於內在對人類臉上的道道滄桑充滿了理解與慈悲。他們深深理解人類在地球上的輪迴之路，也因此在他們心中，評判不再有立足之地，只有寂靜與深度理解的空間。深度的理解能夠幫助一個人從舊痛、舊有負擔中解脫出來；因為，如果你帶著深度的理解去看對方、走近對方，你會看到對方的核心，那無限美麗、深邃與智慧的核心。

你們都是想要深入覺察、深入挖掘直至抵達核心的人，這裡蘊藏著你們最為強大的力量，你們都正走在通往這核心的道途上，你們先將這空間賦予自己，接下來也會將他人納入其中，因為你們不再評判，無需再區分好與壞，以及光明與黑暗。

練習為自己創造能量場空間

我所談的這一空間就是**基督能量**、**基督場域**，所有攜帶這能量的人都是來見證與傳播它的。那麼，如何做到呢？人類的語言具有很大的局限性，如何才能描述這深度的理解，這寂靜但絕不空匱卻反而充滿感受的空間？語言在此處顯得如此蒼白。在約書亞的陪伴下，我感受到了這宏大、寂靜並使我深受觸動的空間，這能量及他的陪伴使我敞開自己。我於內在發現了這空間，並逐漸進入其中，在那裡體會到歸家的感覺，也因此，我能夠逐漸遠離激蕩在我周圍的劇烈的人類情緒：恐懼、憎惡、痛苦、憤怒與仇恨，人們很容易在這些情緒能量中迷失自己。

輪迴為人的使命是為自己創造空間，而**只有你才能為自己創造空間**，其他人僅能透過他／她的存在而邀請你，為你舉起一面鏡子，助你看到，以及如何立足於其中，與自己和平相處。這是光之工作者的任務，或者說內在使命，在與他人相處的過程中依然保持空間，尤其是在與自己相處時優先保持空間。

讓我們一起來練習一下。感受你的意識變得越來越輕盈、越來越柔軟，微波蕩漾，漣漪陣陣，開放且沒有強迫性，這一柔和的意識之流在你之內流動，它流經你的頭部，將你思想的尖刺移除，使其變得柔和與友善。這些思想上的尖刺往往來自於你所感受到的傷痛，你認為自己必須做出反應、保護自己、進入防衛狀態。請暫時放下這一切，讓來自於你本真意識的平靜與柔和的意識之流在你體內流動，讓它向下流動，流經你的喉部、心部、肩部、胃部與腹部，你可以想像這是一條潺潺的溪流，它自然而然地在你體內流動。

請特別關注一下你的**腹部與骨盆**，讓溪水流進那裡，溫柔地清理你，一切尖銳的東西都被水流帶走，讓這一能量流入你的雙腿，大腿、膝蓋與小腿。再看一看水流如何流過你的雙腳，經由腳趾間的縫隙進入大地，看一看這能量如何滋育與加強你與地球的連結。感受一下，地球正在支持著你——透過你腳下的大地，完全回歸自己，回歸你內在的家園。再看一看你希望自己的**生物能量場**（aura）有多大，這能量場是你肉身的自然擴展，你希望這能量場止於何處？什麼樣的界線最適合你？**請放心地讓自己的能量場擴展**，你並不會因此而干擾到任何人，你賦予自己空間的同時也會賦予他人空間。請自由、毫無拘束地在你自己的空間裡好好地休憩一下，更深地沉入腹部，深呼吸，感受一下，處於這狀態的你不僅於內在感到安寧、柔軟與平和，與此同時也是界線分明的。感受這一切帶給你的安全感，你持守著自己的能量場，擁有適合自己的空間，與此同時，你也感受到內在的開放與柔和。

我邀請處於這意識狀態的你們看一看，如何在日常生活中，在與社會的互動中，運用自己的男性與女性能量。你們具有「將這兩種能量分開使用」的傾向，而這種方式所導致的結果是，兩者無法協調一致、協同運作。剛剛我提到的那股柔和的能量是你們的女性面向，這能量具有很強的同理心，可以深刻地同情與理解他人；然而，在與他人交往過程中運用這一能量時，你們往往會「躍離自己」，你們部分地躍出自己的生物能量場，進入他人的能量場。看一看你自己是否也是這樣？再看一看這在能量層面上又意味著什麼？你的能量快速上移，你由此失去寧靜，不再深植於自己的根基——你的腹部。

認知與接納自我便能喚醒內在的基督能量

接下來我再討論一下男性能量。在某一時刻，你覺得自己再也無法繼續承受下去，因為離開自己進而與他人連結，在這一過程中失去自己的根基，這一切使你筋疲力竭，你無法得到滋育，也失去了平衡，終於有那麼一天，你覺得必須要「關閉起來」，回歸自己。在這種情況下，唯一的可能往往是堅強甚至強硬地運用自己的男性能量，這男性能量彷彿是一副盔甲或一道柵欄，將你自己保護起來，使自己的能量不再流失。你透過不滿、憤怒、失望等情緒來安設柵欄，請看一看這對你有什麼影響？

你於內在有何感受？請以沉靜與好奇的心態看一看：「哦？這對我有什麼影響？我因此感到窒息還是自在輕鬆？」以激烈的方式運用自己的男性能量是與內在那自然、寧靜的源頭相背離的。

這情形常常出現在你們身上，尤其是天生高度敏感的光之工作者。你們與生俱來便具有強烈的同理心，容易與他人感同身受，作為意識先鋒，你們往往具有過度給予的傾向，並希望能夠獲得他人的回應、認知與首肯；如果對方並未如此回應——你們已經（或將會）遇到這種情況，便會引起你們的內在傷痛、失望、沮喪、憤恚與孤獨感。然後，你們會運用男性能量將自己隔離起來，而這種隔離方式具有一定的禁錮性，使你更加感到孤獨，這種方式絕非「以自然的方式自由地擴展自己的空間，設定界線」，而是禁錮自己，甚至是放棄！

我邀請你們以另一種方式運用自身的兩性能量。你們剛剛已經感受到，完全根植於自己的內在家園是可能的；**請再次感受一下，再次下沉**，下沉且保持下沉狀態是可能的，在與他人的互動中亦如此，這意味著**你必須放下許多，放下「過度想要幫助他人、改變身邊的人」的傾向與行為**，也就是說，**要覺察自己對於「控制」或「認可」的需求**，不再為了能夠於外在獲取生存權而拋棄自己，因為這往往是你們過度給予及與他人連結的意圖與動力，你想讓他人證實你的生存權——亦即他人接受你本然的樣子，這是孩童的願望，孩童可以擁有這樣的願望，這是屬於他們的特性；然而，**想要在靈性上變得成熟，成為靈性上的成年人，你就要去呵護自己的內在小孩**，認可與肯定他／她，一次次地認真聆聽他或她的需求與衝動。

現在，**請有意識地關閉自己的能量場，完全專注於自己，在腹部感受你的內在小孩**。深呼吸，溫柔地將意識引向那裡，感受你的能量場、你的空間正在變得明亮，這是一個神聖的空間。你完全擁有覺察自己內在核心、認知自己的美麗與智慧與愛的能力，如果你這一生真有使命的話，那麼這個使命就是：完全認知與接納自身的力量，認知與接納自己——美麗的水晶，如此這般，你便能夠喚醒內在的基督能量。一旦這一意識之火在你之內燃燒，它就會自然而然地照亮他人，且不斷地擴散，你根本無需為此去努力、去付出、去抗爭，你唯一需要做的只是**深植於自己的內在本質**，這樣的話，你內在的兩性能量便會日趨平衡。男性能量使你回歸自己，協助你在必要時刻設定界線或進行辨別；女性能量則是你柔和的一面，以及連結、理解與深入覺察的能力。兩者協同運作，是一個整體。

一切療癒與自我療癒的核心都是**回歸自己**。擁抱自己，有意識地設定界線，並與此同時於內在保持柔和與開放，既不過度給予，也不離棄自己，而是讓腹部那沒有評判的深度空間擁抱自己。靜憩於內在，讓基督能量環繞自己，這樣的話，僅僅藉由自身所散發的能量，你就能夠帶給他人幫助。

請再盡情地享受一下這一與自己安靜相處的片刻，放鬆，要**敢於做自己**，全然地做自己。

第十章　通往新能量的門戶

我是抹大拉的馬利亞。你們認識我，知道我真正是誰，我的形象已成為你們歷史的一部分，也被你們的歷史記載更動與扭曲；不過，你們瞭解本真的我，因為我們在心靈的疆域、在靈魂的寓所，比鄰而居。你們與在地球上輪迴時的我，擁有相同的渴望，渴望真相、事實與本質，對你們來說，最重要的便是依循靈魂願望、依循靈感、依循自己的本質核心而活。

然而，以這種方式生活有時也會使你感到痛苦，使你不得不面對自己最黑暗的面向，這是因為：若要依循自己的本質核心而活，就要讓一切浮出水面，你必須讓光照亮一切，才能整合自己，於內在變得完整。

許多人都深陷於與自己內在的鬥爭，我看在眼裡，痛在心裡。在這個世界上，人們往往以某些理想形象——自己該成為什麼樣的人——為生活榜樣，而這些理想形象則常常是一些被世人首肯與熱愛的成功人士，不知不覺地，你們就陷入了「壓力漩渦」，力圖去改變自己以適應社會，力圖成為社會眼中的成功之人、優秀之人。

這使你逐漸偏離自己的內在核心，使你失去自己；與此同時，一直有個聲音在不斷地提醒你：**「回歸內在，發現真正的自己！」**在「不評判」之自由空間中，你能夠發現與認知真正的自己，覺察自己那些光明與黑暗的面向，以及自己的感受、情緒與反應。愛即是：允許自己回歸這自由的空間，靜觀那裡的一切。

然而，來自外境的聲音又會再次響起，它往往充滿了恐懼：「你得守規矩；你得改變自己，以適應社會；你要聽話；不要偏離主流，不要成為他人眼中的怪人。」一在這一聲音的影響下，你漸漸地遠離那自由的空間，不再與自己對話，你強迫自己循規蹈矩，以外在世界、周遭社會的規則與標準來要求與評判自己、折磨自己。如此這般，你被拉扯，徘徊於外在世界的呼喚（其往往充滿了恐懼）與你之靈魂的呼喚（其呼喚你回歸內在，回歸「真正的你」的本質核心）之間。

如何面對內在與外在、核心與外表之間的衝突呢？**聆聽心的聲音，做出選擇**，選擇你自己，**選擇自己想要走的人生之路**，運用自己全部的力量、無條件地去選擇。冒險地臨淵一躍，因為那自由的空間、那充滿真愛的空間，亦沒有盡頭，可能會給人一種躍入無底深淵的感覺，不再有他人肯定、讚揚與認同的雙手接住你，你孤身一躍。

感受一下那廣袤的空間，在你內心深處。**不要評判，也不要期望應該會出現什麼樣的畫面**，放下各種理想形象，那裡只有「存在」，純粹的「存在」。你能否承得住這種自由、這種無拘無束？還是希望能遵循外在世界設定的各種規則與價值觀？你能否縱身躍入深淵？能否真正地生活？

生活有時確實是驚心動魄的，令人心生恐慌；然而，遠比這更為嚴重的是**「不去生活」**，長此以往，你會逐漸成為外在刺激的奴隸，失去自己，失去幸福感。只有聆聽心聲、從心而行，才能夠在生活中找到真正的充實感。你的「心跳」在宇宙中是獨一無二的，只有你才知道屬於自己的路。

勇於步入靈魂暗夜

有時，迷路之際，需要有「暗夜」——**靈魂暗夜**——出現，來將你帶回自己的內在中心，助你重新憶起真正的自己，憶起自己的本質核心。一切外在保障悉數潰去，而在相當程度上以外在規則與典範為準的你，感覺自己失去了一切，跌入無底黑洞，處境艱難，挑戰重重。然而，儘管這被稱作「靈魂暗夜」，但卻是一個通道，此通道將你帶至一扇門，通往不同的世界、一個更偉大的世界的門戶，這個世界超出了你當前的理解範疇，你那已被社會改變、受限於恐懼與舊有觀念的思維，尚無法理解它。

那麼，讓我們一起觀想一下。**想像你處於某個極為幽暗的通道**，你甚至無法看到通道的牆壁，你感覺自己被「虛無」環裹……究其本質，「虛無」並沒有什麼「不好」，也不是「錯誤」的，虛無是全然的開放，沒有任何期許，也不帶任何評判。儘管如此，「虛無」卻使你感到恐慌，彷彿你會被其摧毀一樣；然而，虛無只會摧毀你的舊有身分，你以為自己所是的那個人，**真正的你是不可能被摧毀的**，也不會消失，虛無亙古永存，像我所描述的、你心中的空間那樣一直存在著。此空間自始至終都在那裡，永遠不會消失。

觀想你接納「虛無」，接納這種缺乏確定感的狀況，從中感受你所擁有的力量、你的獨立性及不受縛於這個世界的自由。在你的內在核心深處，你是自由的。

現在，觀想你逐漸抵達某一門戶：你從上述通道中穿過，被「虛無」環繞，被黑暗環繞，接下來，一道門出現在你的眼前。看一看你此刻有什麼反應：嚇了一跳，還是想要走近它？這扇門又是什麼樣子的？大門緊閉且異常沉重？還是略微開啟了一條縫，有光從中透過？靜靜地觀察，除此以外，你無需做任何事……

現在，想像你正站在此門之前，並將手放在門上，讓能量從你的身體中流過，門的另一邊正是新世界，你之靈魂想要展示給你的地方——在你準備好之後。藉由將手放在門上，你開始接觸與認識這個新世界，其能量想要進入你的生活，以適合你的節律流入。

看一看你能否納入這能量，新世界的能量、家的能量、靈魂的能量……讓它流入你的手、你的身體……以你感到自在的方式，既不多又不少。流入你的頭部、肩部、心部，並繼續下行，進入你的胃部、腹部、骨盆與尾椎……並經由雙腿，流入你的雙腳……

請不要忘記，身處靈魂暗夜之際，也有新的能量在等待你；不過，以你當前的目光是無法看到它的。借助全新的目光能夠看到門後的實相，而發展新目光的方式正是放下舊目光，不再執著於確定感，以及自己曾經緊抓不放的「生存模式」。

忠於自己，遵循內在聲音

如何才知道自己已準備好放下舊有模式呢？往往，不滿、惱怒、憂傷或絕望的感受會告訴你，你不想再這樣繼續下去，你可能會有這樣的想法：「我不想再在這個世界上逗留，不想再活下去了」，然而，最終你會對自己說：**「我不想再保持這種舊模式，不想再以這種方式繼續生活下去。」**

儘管如此，你的思維，那被過去薰染與塑造的思維，尚無法理解還存在著其他不同的方式，也因此，**靈魂暗夜會使人如此地絕望，因為舊的東西正逐漸潰去，而新的東**

西尚未出現。重要的決定正是在新舊交界處、在黑暗的通道中做出的，此時，至關重要的是，你能否**忠於自己**，能否**遵循內在的聲音**，而不被來自外在的聲音，那充滿恐懼、來自過去、時常在你耳畔迴響的聲音拽回。

因此，我想對你說，當你感覺自己正處於靈魂暗夜之際，請不要逃避，而是繼續深入下去，感受一下那裡都有什麼。若你在那裡覺察到對生活的恐懼、不確定感、悲傷或絕望，請**不要評判**這些感受與情緒，而是**與它們同在**，不要逃離。你的自身之光遠強於這些感受，它們並非終點，而是中間站。你看，通往新世紀的門戶已進入你的視線，它就在前方！

請透過此門戶與新世界的能量建立連結，遲早有一天，這扇門會完全敞開，讓這一畫面在你腦海中浮現。或許，目前你尚無法完全感受到這一切，但你可以想像一下，「門戶大開，你可以進入其中」的情景又是怎樣的？那裡都有什麼？有什麼在等待著你？這會在你心中喚起怎樣的感受？

你無需現在就走進去，那一天遲早會到來的。一切皆有其韻律，不過你可以感受一下這一承諾，感受一下那裡的光是多麼地美麗，你在那裡又會是多麼地愉悅、開心與自在。請保持希望，儘管現在你可能覺得自己正處於令人恐慌的靈魂暗夜，但你腳下正是通往新世界的路！

請記住這一點，這會使你的前行之路變得較為輕鬆。我牽著你的手，請感受一下我的陪伴……

每一次有大門為你們敞開，我們都倍感欣喜，也感覺與你們更緊密地團聚在一起。我們彼此相連，每個個體的每一步發展，都是對整體做出的貢獻。

第十一章　認出了彼此靈魂的親密關係

我是抹大拉的馬利亞，也是曾於地球上陪伴在約書亞身邊的那個女人。我愛他，我們感受到同樣的啟迪與激勵，因此，我們之間建立了緊密的連結。那時，我以一位女性的身分生活在地球上，被稱為抹大拉的馬利亞，然而，我遠大於這個地球人格，她只是我的彰顯方式之一；超越地球人格、超越男性或女性肉身的是靈魂，在靈魂的次元中沒有時間或形象，你們都是一個無法言表、無法用人類語言形容的「整體」的一部分，而我，則從這個「合一場」中對你們說話。請感受一下，感受合一場的能量，就在此時此地，它之所以能夠來到這裡，正是因為你們敞開了心靈，對靈魂深處的「合一性」敞開。請記住這**「合一性」**。

曾經，你們的身分並不像現在這樣被鮮明地被界定與分離，你們也不像現在這樣明確地感到自己是相對於「整體」的自我；相對而言，那時的你們較易隨著周遭環境流動，是整體的一部分，就好像胳膊是身體的一部分一樣，胳膊本身是一個實體，不過卻作為身體的一個組成部分來發揮作用。作為個體的同時，又與整體有著堅實的連結，這正是生活在新地球的感受，優雅與自由的感受。這一感受帶給你安全感與歸屬感，與此同時，你也感受到自己是一個單獨的個體。

感受兩性的合一性

請以「女性身分」感受一下你與整體的連結，再以「男性身分」感受一下你的個體性，這兩個面向對於「創造之舞」而言都是必不可少的。如果你自身的存在是完整的，那麼，當你之個體遇到另一個體時，這一相遇就會成為神奇、吸引力與興趣的源泉，這也是兩性之舞的真正目的。

女性與男性之間，存在著對立與極性，兩個對立面互相吸引，互相補足。請感受一下這兩極之間的張力：激動、神奇與好奇，這使得男性為女性著迷，女性也為男性著迷。強大的力量、渴望及強烈的感受會在諸如此類的關係中產生，這些力量或感受有可能是相互矛盾的，因彼此之間的吸引力，雙方渴望融合，完全成為一體。然而，其悖論性在於，只有雙方不同於彼此，是相對的兩極，才會相互吸引；只有在自我感——**我是不同的，我是「我」**——的烘托之下，「合一感」才變得鮮明。兩個極性都是不可或缺的，正是藉由兩者的反差，我們才能夠發現彼此。這兩個元素對於互補相生的關係而言都是必不可少的。

然而，如果你們只僅僅進行兩性之舞、極性之舞，就會使（親密）關係逐漸遭到侵蝕。誠然，你們彼此之間有著強烈的吸引力與如火的激情，尤其是在最初階段；然而，**只有在你們感受到雙方在靈魂層面——超越了陰陽二元性的層面——上的深度連結時，才能體驗到融合與合一的感受**。在一段關係中，如果你與對方擁有靈魂層面上的連結，那麼這種連結就會進入你們的兩性之舞中，並無限地深化與加強這段關係。一段關係開始於男女之間有形層面上的吸引，不過，只有**靈魂層面上的連結**作為補充，兩性之舞才能收穫美麗與喜悅。

那麼，這一靈魂層面上的調和，這種合一性——我們完全能夠體驗到的合一性——從何而來呢？它好像是一種奇跡，言語無法形容的奇跡。你們當中的一些人有過類似的體驗，比如你對某人有一種理智思維無法解釋的神祕的熟悉感，你們不需要彼此的解釋，無需多言，便心有靈犀。你們之間有一種自然的連結，彷彿是「家人」一般，不過這裡指的並不是血緣關係，而是那難以說明的內在連結。

在靈魂層面上，存在著**靈魂家族**。很久很久以前，你們出生於一個「合一場」，你們作為靈魂個體，從那裡分離而出，踏上了輪迴之旅。你們的足跡並非僅限於地球，也遍布宇宙其他的諸多層面，宇宙廣袤浩瀚、豐富多彩，能夠為你們提供各式各樣、不可勝數的經歷與體驗。請感受一下宇宙的博大與廣漠，你可以想像得到，你們通過自己所經歷的旅程與探索，積累了豐富的經驗，還在靈魂剛踏上旅途之時，你與某些靈魂間有著一種「家人關係」，在之後漫長的輪迴之旅中，你們志趣相投，並肩而行。因這些並肩的旅程，你們之間建立了「家的紐帶」，使你認出了某個人——那個曾經與你同行的靈魂，並與該地球人格之後的那個靈魂建立連結。這一連結會於內心深處帶給你無比的喜悅與安寧，將你提升至你尚未認知的那個層面。

現在，我們正一起走向新地球，新地球正在你的身邊覺醒，建基於靈魂連結的（親密）關係正在扮演著前所未有的重要角色。你們這一生的個人背景、生物特性及所受教育對你們所起的作用也遠小於從前，越來越多人想要敞開心靈、探尋（親密）關係中的深度，他們渴望合一感，那超越一切對立面的合一感，並不僅僅局限於外在的兩性關係——愛情與激情——的合一感。

深度連結的兩性之舞

如果你有伴侶，我邀請你檢視一下你們之間的關係。**觀想他／她正站在你的面前**，如果你沒有伴侶的話，就任由某個人自發地出現在你的面前，或許你認識這個人，或許這是一個虛構的人物，也或許是來自你靈魂的內在男性或女性，請**讓你的想像自由馳騁**。現在，觀想你們正面對面地站著；接下來，漸漸放下自己的人類形象，任其慢慢地離你而去。你們作為靈魂來感受彼此，或許，你看到自己或對方變成了光的形象；或許你們只是兩種不同的顏色甚或感受；也或許，你或對方是天使，沒有具體性別的天使。感受一下，你們之間的關係是否超越了物質形象、極性及男女兩個對立面的限制？看一看**你們之間有什麼樣的能量在流動？感受一下你們關係的基礎，是什麼帶給你喜悅？對方帶給你的是什麼？你帶給對方的又是什麼？**

想一想無窮大符號（∞），那個像躺倒的8的符號。兩個8的一半交匯在一起，形成兩個平等、相依的橢圓。想像一支筆在你和伴侶之間遊走，在你們周圍畫出構成這一符號的線條，你們分別處於兩個橢圓中。在某種程度上，你們分別是兩個不同的生命體，然而，在更深的層面上，那連續的線條所形成的是同一股能量流。請靜靜地感受一下，你能夠感知到這一股能量流正在你們之間流動，在這一代表無窮大的符號中流動。藉由感知這一能量流，你會感覺自己再次回到了那「合一場」，你們出生的地方。你允許這一能量在你們的關係中蘇醒。

藉由體驗你們之間的合一之場，你們的關係變得更加豐富與深刻，因為你感受到你們是某一更大整體的一部分，體驗到這一個將你們在靈魂層面上連結在一起的更大整體，會為你們帶來無盡的喜悅與充實感；同時，你們也將對方看作是一個不同與獨特的生命體，因你們之間的不同，你們對彼此而言一直是驚奇、神祕與吸引力的源泉。你永遠無法完全瞭解一個人，也因此，你總是會且持續在對方身上發現嶄新的品質與特性。藉由探知你們之間最深刻的連結，你會感受到你們之間那靈魂的一體性，這會使兩性之舞變得更加輕鬆自在，由此，兩性之舞會變成神奇不斷的探索之旅，而不是戰場。

兩性關係中存在著如此多的爭鬥與痛苦，如此多的不理解，如此多的極性，在漫漫的歷史長河中，男女兩性都體驗過權力與壓迫，女性能量也曾經掌握過權力，因此，並非男性總是加害者、女性總是受害者，在某些文化中，兩者所扮演的角色是相反的。你們內心深處都對此深有體會，因為在諸多前世中，你們既扮演過男性也扮演過女性的角色，你們內在深處都知道，男女兩性都是如何濫用權力的。

在這一時期，男女兩性都渴望能夠超越舊有傷痛、療癒舊有創傷，以回歸彼此。於內在層面上，女性正在經歷重獲力量，允許自身的男性能量與女性能量共舞，並由此以一種自覺、有力的方式，帶著自己的直覺天賦、願景及連結能力勇敢地踏入社會；男性則在試著重新建立心靈上的連結，對自己的感受敞開，展示內心的情感，對女性、孩童及所有人表達自己內心的溫暖。

目前你們正在經歷一場能夠**轉化舊有傷痛與誤解的浪潮**，而借助合一之場則是最快的方式，**「合一感」使你們認識到，儘管你們是生活在地球上的一位男性或女性，但你們之間還存在著另一種連結，這一連結使你們能夠在更深的層面上認出彼此，以心智無法瞭解的方式理解彼此**。儘管大腦思維在此處顯得蒼白無力，但「你們在靈魂層面上是連結在一起的」這一事實會助你更加理解對方的所作所為，你們並不僅僅是某位具有肉身的男性或女性，而是一個遠大於此的生命體。你們是靈魂，業已經歷與探索過各種創造面向的靈魂。

這一時期，你會逐漸看到，越來越多的（親密）關係建基於**靈魂層面上的認知**，這些關係帶來了內在深度療癒的機會與機遇。人與人、靈魂與靈魂之間這美好的相遇，對於男性集體能量與女性集體能量而言，都有著相當的影響，一旦一位男性或女性在深入靈魂的關係中體驗到療癒與充實感，集體能量也會隨之發生變化，人們在某種程度或某些面向上會獲得療癒與解脫，並重新敞開自己，兩性之間更加信任彼此。**在（親密）關係中獲得療癒的人越多，對人類整體的益處就越大**。

對於你們所有人而言，你們的關係中蘊含著為靈魂次元創造空間的契機與機遇。當然，你們依然可以繼續以男性或女性的身分在地球次元中進行極性之舞，然而，藉由靈魂層面上的連結，你們的極性之舞會更加自在、喜悅，更加富於光彩。這正是我送給你們的祝福，我們理解你們，與你們感同身受；我們就在你們身旁，與你們有著深度的連結。

第十二章　三個步驟建立充滿愛的關係

我是抹大拉的馬利亞。曾經我也在地球上輪迴，體驗過愛，有時還有絕望，不斷地與極其人性的情緒——你們都自內而外地深深瞭解的情緒——互相鬥爭。今天我來這裡是為了與你們討論「輪迴為人」這一點，**你們有許多人都對此感到疲倦，不想再輪迴為人，你們心中充滿了糾結，還有來自於過去的痛苦與恐懼**，有時還有疲憊；而且，你們不願真正地敞開，接納「在地球上輪迴為人」所能帶給你們的一切。這都是可以理解的，因為來地球輪迴，你們會體驗到內心深處的牴觸感，這些牴觸感既來自對前世的記憶，亦來自你們的思鄉之情，你們思念那充滿和諧與光的故鄉。你們所有人都攜帶著對此的記憶，作為下沉於地球實相的靈魂，你們有時會感到沮喪與氣餒。

潛入內在，將光帶入黑暗

請與你之內感到難以在地球上生活的那一部分建立連結，不要害怕，你們的意識覺知並不屬於地球，亙古永存，是屬於宇宙的，整個宇宙都是它的家，它來這裡做客，暫居於肉身之中。現在，請與對地球生活感到恐懼、不敢真正地投入其中、對地球上一切可能的體驗敞開自己的那一部分建立連結，接納內在的苦痛、懷疑、孤獨、厭煩與絕望，請擁抱內在的傷痛，因為只有**愛的關注**才能療癒它們。

你們（想要踏上）的靈性道途上存在著一個陷阱，你們向上、向光伸出雙手，卻可能不知不覺地與物質實相拉開距離，並想要從中脫離出來；然而，此時此地，對你內在最深處的邀請則是**認知內在的黑暗**，將光送到那裡。沉入自身的黑暗、孤獨與分離感，這或許會喚起你內在的牴觸，而與此同時，卻會帶給你最大的充實感，這樣做，你會發現自己真正是誰：**光之工作者，將光帶入黑暗的人**。

請想像一下，圍坐成一圈的你們，將靈魂深處的苦痛聚集起來放在中央，這些苦痛有各式各樣的展現形式，可能表現為不安、焦躁、憂鬱、不確定感，或者還有一種與世隔絕感。現在，請與我一起觀想，你們手持光之火炬，站成一圈，將火炬伸向圈中央，照亮聚集在那裡的苦痛，使它們不再隱藏於黑暗之中。讓你的光閃耀，**你並不是自身的痛苦，而是能夠緩解痛苦、轉化痛苦的人**，這正是你來地球輪迴的任務與使命。一旦你將光帶入自身的黑暗，你所散發出的光也會照亮他人，鼓勵他們也和你一樣，如此這般，你就是一個光之工作者，這一切始於你自己，對你內在最深處的邀請便是向自己最脆弱的部分伸出雙手。

看一看人們內心最深處的創傷，我們便會發現，幾乎對每一個人而言，這都與其作為男性或女性是否得到了理解與愛有關。性與親密的原初目的本是喜悅，兩者的相遇極其珍貴，甚至可以用「神聖」一詞來形容。男性能量與女性能量以敞開與敬重的態度相遇之際，會發生能量上的融合，此融合極具創造性，就字面意義而言，嬰兒可能會因此而誕生，神奇美麗的人類新生兒。不僅如此，此融合之舉還具有更深意義的創造性，在靈魂層面上，你也可以以這種方式得到滋育，被另一個靈魂觸動，這會極大值地豐富你，使你在不失個體性的情況下與一切萬有建立連結。這是兩性相融的真正意義，請感受一下它的美好，感受一下自己內心深處對它的嚮往，對「具此神聖意義的性」的嚮往。

作為靈魂，你們所有人都在尋找一切萬有，尋找於內在、於神性中歸家的道途，你們試圖為其命名，想出了不少當然總是顯得蒼白的稱呼：上帝、太一、一切萬有、宇宙等。儘管如此，重要的是你們於內在深處感受到一種渴望，渴望回歸那安全、擁有無條件的愛，被全然地接納，能夠自由表達自己的狀態。這種鄉愁縈繞在你們每個人心間，而一位男性與一位女性，或者說兩位愛侶——也可能是男性與男性或女性與女性——的遇合，這種性能量上的遇合，其美麗正在於，你們能夠藉此對「合一」窺豹一斑。藉由人性，或者說，正是藉由**男性與女性的極性與二元性**，你們能夠對家、對天堂驚鴻一瞥，並藉此而獲得擴展，變得更加豐盛。

性本是光的源泉之一，是溫柔的共舞，然而，正是在「性」這一領域，人們飽受創傷。兩性之間存在著隔閡與敵意，人們甚至對自己內在的異性能量也感到不自在，女性感到難以運用內在的男性能量、自己的意識覺知及自身的力量；男性則覺得難以臣服於自身的感受與情緒，難以真正地享受與融合。這種局面是如何形成的呢？面面俱到地討論兩性能量發展史的話，篇幅過長，此處不再贅述，基本事實是神、源頭、一切萬有也賦予了你們自由：探索與實踐，並因此而「過度」，導致能量失衡的自由；儘管如此，這是你們瞭解自己真正是誰，又被賦予何種責任的必要方式。

你不是被神牽著手行走的孩童，而是需要學習承擔責任，學習在各種生活元素之間保持平衡的「未來之神」，你是正在成長，即將綻放的神。請於內在深處感受一下，你獨立自主且富有力量，你是一個完整、不可分割的整體，你與萬物之源有著無法切斷的連結，但與此同時你也是你自己，完完全全的自己，一個獨一無二的個體。請感受一下這一點，你就是你，與眾不同的你，這是神奇，是謎。靈魂即是：不可分割且獨一無二的存有；神即是：自由、自主、獨立的創造者。

你能否全然地承擔起這一切？答案並不是肯定的。你之內的某一部分並不願意承擔這一切，那是你的陰影部分，這一部分的你充滿了恐懼與無力感，感覺自己已與源頭分離。它渴望回歸源頭，就像孩童呼喚媽媽那樣，而關係及性關係則往往被看作是借助他人歸家的一種方式，儘管這根本行不通。**家就在你之內，全然地接納自己那獨一無二的個性與自主權是通往成熟關係的第一步，回歸自己，安住於自己的內在核心是與他人建立深刻、充滿喜悅的關係的前提**，這與你們在「愛戀」中可能感受到的那種不成熟的渴望截然不同，後者完全倚向對方，想融入對方，彷彿對方是無所不知的父母，自己能夠像孩子一樣仰賴對方。正是在「愛戀」中，內在小孩可能想將自己的負擔卸下，交給對方，那時便會出現情感依賴，而且關係的雙方很快就會感到窒息。

享受完美關係的三個步驟

通往神聖、療癒的關係的第一步就是，**完全地回歸自己，伸出雙臂擁抱那備感迷失的內在小孩，對其承擔起「成人」的責任**。他人無法療癒你的傷痛，你是自己的療癒者、自己的光。

如果你能夠沉入內在，全然地感受與接納內在最深處的自己，你就已經做好走向對方的準備，能夠帶著一顆開放與新奇之心接近對方，這是建立喜悅與豐盛關係的第二步，**你帶著新奇走向對方，新奇意味著對對方沒有期待、沒有要求，也不需要對方提供什麼，而是帶著純然的興趣接近對方**。最美麗的愛戀形式就是新奇，感受到對方對自己的吸引，想要探索與瞭解對方，不希冀對方服從你的世界觀，也不會試圖改變對方以滿足你的期待與需求。正是這樣，你才能與對方共舞，對方才能無條件地進入你們之間的關係，因為你們之間不存在「壓力」與「必須」，你是自由的，對方也是自由的，你們自願地在一起。如此這般，某一更高的能量，來自心靈的能量，將你們連接在一起，**你們不會試圖去療癒、改變或提高對方**，不會的，你們一起慶祝生命，因喜悅地在一起而獲得療癒。

療癒的實現並非借助對方，而是憑藉自己，藉由自己「安住於內在，並以此為出發點敞開自己，接受另一個靈魂帶給自己的富足與豐盛」的能力。

現在請與我一起觀想。**想像你毫無恐懼地沉入、安住於自己的內在**，讓意識藉由脊椎緩緩地下沉，從**心**至**腹部**再到**骨盆**，並自內而外地感受自己的性器官，以一顆新奇與開放之心感受它，不帶任何來自社會或過去的評判或羞恥感，像感受自己的腳趾一樣，帶著開放與中立的態度感受它。你泊定地球實相的「錨」就在這裡，你的腹部與骨盆是你的基本本能所在之處，你藉此與地球實相建立連結，使意識下沉，靜靜地感受。

你於內在感到自在安然，無論你處於何種境地，又在與何樣的人類情緒作鬥爭，關鍵在於：你與自己同在，你等自身之光、你的內在核心能夠因應一切，面對一切。這是永不泯滅之光，是柔化與理解之光，用此光充滿你的生物能量場。你在自己的神性之光中倍感安全，感受一下來自宇宙、神、源頭的愛，你被全然地接納，被敬重，被愛，因為你是你，如你本然的樣子。

在這種意識狀態下，看一看你所愛的人，這可能是你的生活伴侶，或是你的一位男性或女性朋友，抑或是你的子女、父母，選擇最先出現在你的腦海中，你想與其建立連結的那個人就好。在你建立連結，「看到」那個人的時候，你依然與自己同在，依然保持著自己的「界線」，安住於內在。在那裡你感到自在輕鬆，你平緩地呼吸著，腹式呼吸，絲毫不覺得自己應該幫助或改變對方，不覺得自己應該做任何事，你完全地與自己同在；然後，以一顆開放與新奇之心靜觀對方，看一看他或她所呈現出的狀態，看一看他／她站在你面前的樣子，他／她的何種能量引起了你的注意？現在向對方邁出幾步，與對方更近一些，與此同時保持住自己的能量場。

用心去體會自己於內在深處對對方的感受，讓這些感受自發地升起，好奇地觀照它們，不要評判。看一看是什麼將你們連接在一起，你們之間又在哪一方面有著最光明、最喜悅的連結。不要專注於彼此那些有衝突、進展不順利的面向，而是看一看你們之間那條最高、最光明、最快樂的連線，在那裡，能量能夠在你們之間順暢地流動，靜靜地享受，除了享受，你無需做任何事。試著接收這條連線所帶來的光，感受一下，能量正藉由這條線流入你的心，看一看這對你有何影響，這為你的人生帶來嶄新、熠熠閃爍的能量，使你更加豐盛。在一起時，你們接收這一能量，而與此同時，你們也賦予彼此自由。**正是因為對彼此的好奇，以及賦予彼此的自由，你們才能在更深的層面相遇**。真正的親密，其意義與初衷正在於此。

第一步是回歸自己，安住於內在，且保持這種狀態，即便你正與他人接觸與交往時亦如此。**第二步則是帶著新奇與對方建立連結**，不去試圖改變或規限對方，而只是靜觀、感受與探索。**第三步則是享受彼此的陪伴**，享受兩人在一起時能量順暢流動的那些面向，享受這一切，放下其他面向。

關係，是你們在地球實相中極為珍貴與美好的體驗。在關係中，你們會經遇人類最強烈的情緒能量，一開始我就說了，我來這裡是為了與你們討論「輪迴為人」這一點，我的意思是，在傳統教誨中，你們往往被教導要遠離與超越自己的「人性」，以能夠彰顯「神性」，這樣做其實是在逃避自己的情緒，逃避關係中那有起有伏的現實。我想說的是，你們藉由「人性」、藉由進入關係，而走向神性，這是因為，正是在關係中，你們必須面對人生的實質因素：孤獨、鄉愁、絕望，還有新奇、喜悅與連結感。你與他人在關係中建立的親密，會為靈魂留下極為深刻的印象；也因此，你與一個人以如此的方式相遇後，這會永遠地銘刻在靈魂的記憶中。一旦你曾以肉身形式投入與某一靈魂的親密關係，這種連結會永遠地保持下去。

靈魂意識藉由人與人之間的關係成長，「靈性」也因此而具有真實、充滿愛的內涵。真正的靈性與紀律、技能或自制無關，而是關乎發展出一顆開放之心、一顆願意面對自身及他人之黑暗的「人心」。藉由**以一顆新奇與柔軟的心擁抱「人性」**，你會在與他人的關係中發展出愛與慈悲，基督能量也透過這樣的關係，在地球上誕生。

第十三章　內在的大我與小我

※本章訊息接收於某個以「傳訊」為主題的工作坊，參與者是想要學習傳訊，以及已能傳訊但想要在這一方面增強自信的人。

我是抹大拉的馬利亞。我來自遙遠的過去，亦來自未來，我遠大於自己曾在地球上扮演的那位女性，我是一個更大能量場的一部分，此能量場持續不斷地更新與重生，每時每刻都如此。我是一個活生生的存在，既不受限於時間，亦不受限於若干世紀以前我所借居的肉身形象。

如今，我正在某個能量源頭，那永不枯竭、洗滌你們所有人、想要喚醒你們所有人的源頭，那是生命源頭。知道自己在源頭是安全的，被這一能量流、創造之流、自在與輕鬆之流承載，是你們與生俱來的權利，這是你們的真實本性，其他的一切皆為幻相，是暫時蒙蔽你們意識的帷幕。

請感受一下我所代表的能量場。我是此能量場的一部分，你們亦如此。那能量場生機盎然，亙古永存，持續不斷地更新，喜悅地以各種方式彰顯自己。你看，你也是這能量場的一部分，你是自由的，獨立於你的肉身，獨立於時間與空間，你是不朽的存在。有時，你在日常生活中會忘記這一點，並具有限制自己意識的傾向，只相信自己所看到的，相信他人、社會及文化環境所教導你的。它們往往使你的意識變得狹窄，直到你相信自己等同於自己的身體——這些細胞，等同於自己的性別——男性或女性，等同於自己的工作或在社會中所扮演的角色，等同於自己那父親、母親、丈夫或妻子的身分。不知不覺地，你的意識變得越來越受限、越來越狹窄，忘了自己來自何處、真正是誰。

而你所希望的一切，以及你想要成為的一切，皆以此為基石，你要憶起自己真正是誰，這是一切的溫床，**只有憶起自己的真實本質，人生才會順暢地流動。你無需費力地去爭取什麼，只是運用自己天生具有的力量便可。**

放下「過去的自己」，學習顯化靈魂能量

你們今天之所以來到這裡，是因為你們在某種程度上感到或渴望自己能夠「傳訊」，你想要遵從某一希望流經你的能量流，想要成為它的聲音、成為它的管道。你

內心的這種感受與渴望，其實是一種思鄉之情，綿綿的鄉愁。藉由傳導這一屬於你的能量流，你能夠於內在、於地球實相中重獲歸家感。你回歸自己的本質核心，與天、地建立連結。

「傳訊」最深的內涵在於：**顯化自己的靈魂能量**，那超越你的地球人格的能量，它遠大於地球人格，無法被肉身、被有限的意識完全含納在內。它想要靠近你，流經你。

也就是說，你擁有地球人格，被你曾經的經歷、所受的教育與薰陶、你的身體及遺傳特性所影響與塑造的地球人格；除此以外，還有一股能量流，它來自那亙古永恆的存在，來自你的靈魂，它想要與物質形象共舞。也可以說，來自過去的能量流，被過去塑型的能量流，想要與某一更大的能量流，或者說來自未來的能量流建立連結。未來並不是固定的，而是充滿了無窮無盡的可能性與潛能，「未來」這個詞意味著宏大、廣袤、寬泛、潛在與可能，意味著自由！輪迴為人的你，擁有沉重舊有負擔的你，想要與其建立連結，這是來自你的靈魂的呼喚，邀請你投入自己的**「小我」**（其因在地球實相中的輪迴而逐漸變得狹窄）與**「大我」**（其超出了人們的理解範疇，在人們眼中是神祕的，其獨立於時間，是真正的你）之間的共舞。「傳訊」的本質即是投入這一共舞。

投入共舞，不言而喻亦不可避免的即是大我與小我的相遇。在某一時刻，地球人格在靈魂的呼喚與挑戰下，放下舊有模式——限制性的視野與有關自己的負面信念，只有在這種情況下，通道才能開啟，你的真我那寬廣、宏大的能量流才能流經你。此即「傳導」或「傳訊」。

這一過程並非輕而易舉之事，事實上，這意味著，你要**放下「過去的自己」**，像蝴蝶一樣破繭而出。如果你感到「我想要傳導」或「我想要加強與指導靈的溝通」，其實這是靈魂在呼喚你：「我想要更多地彰顯於地球實相。」道出此言之際，你就向「未知」邁出了一步，因為只有願意面對被帷幕遮掩的東西，才能夠打開通道。願意改變、願意臣服於自己無法完全了知的過程，這是你需要邁出的一步。

練習讓意識流入各脈輪

此處，我想借助沿著脊椎排列的能量中心——**脈輪**——來描述大我與小我之間的相遇。你們可以**將脊椎視為一個通道**，通道頂端是你的頭頂，此處有一個能量中心，向宇宙敞開，你能夠藉由它感受到與整體、與你之靈魂的連結。

脊椎的底端是尾椎。此處的能量最為稠密，最具物質性，在那裡，你完全是物質實相的一部分。此刻，你也可以感受一下這一能量，感受一下你頭頂（頂輪）的能量與脊椎底端（海底輪）的能量之間的區別。

你可以感受到，兩者具有迥異的「存在」能量，也可以說，為了能夠將「最深廣的自己」所具有的能量傳導至自己的身體，此能量必須拾級而下，沿著階梯從最高的脈輪——頂輪，沉入尾椎。此處，我象徵性地使用「階梯」這個詞，在某種程度上，你們可以直接按字面意思去理解，因為脊椎本就是一個敏感的器官，能量藉之下沉或上升。不過，「階梯」也有其象徵意義，它意味著連接與整合你的「大我」——或是那個「宇宙層面上的你」——與你的地球人格。

你們當中的許多人（參加這次工作坊及閱讀此文的人），頂輪業已開啟，對你們來說，體驗與宇宙、與超越地球實相之次元的溝通，並非難事。**其顯化形式可能是：某一慈愛的導師、指導靈、高我或天使的出現**。

現在，請感受一下自己的頂輪、第三眼（位於你的兩眼之間）、喉輪與心輪，這是較高的幾個脈輪，與此能量場建立連結，除了靜觀，你無需做任何事。在那裡，你能夠體驗到某一寂靜的內在空間，藉由此空間，你能夠與想要流經你、被你傳導的能量建立溝通。寧靜、中立地觀照你的內在，當你與指導靈、導師或高我建立溝通之際，你身體上部都有什麼感受？看一看此能量如何充滿你：心部、喉部、頭部、頂輪。以觀察者的身分靜觀這一切，靜觀這一建立溝通的過程。

現在，讓我們將注意力向下移動。下面還有三個脈輪，一個位於胃部，它也被稱作太陽神經叢；接下來是臍輪，位於腹部；臍輪下方則是尾椎處的海底輪。讓意識下沉，與這三個較低的脈輪建立溝通，你只需讓自己的意識沉入那裡，除此以外無需做任何改變，沉入腹部，然後再看一看你能否繼續下沉，直至尾椎。

與這區域建立溝通後，請感受一下，你進行傳導之際，那裡會發生什麼？**不要懷疑你是否確實在傳導，在充滿靈感與信任的時刻，你們都在傳導，觀想你正處於這種狀態**。你已經看到能量如何流入較高的幾個脈輪，現在看一看，此能量對你較低的幾個脈輪又有何影響。當你與那更為宏大的、想要流經你的宇宙能量建立連結之際，這幾個脈輪處的流動狀況又如何？此能量能否徹底進入那裡？能否被完全接收並順暢地流入海底輪？

你那受限於過去、已變得狹窄的地球人格，與你想要彰顯的、來自未來與更高源泉的能量，在你的身體之內相遇，這裡存在著一個至關重要的鉸接點，就在第三個脈輪與第四個脈輪之間，亦即較低的幾個脈輪與較高的幾個脈輪之間。

在較低的幾個脈輪處，往往蟄居著來自於過去的恐懼，這些恐懼亦導致了氣餒與遲疑，看一看你於內在是否能夠覺察到。想一想你的靈魂的能量，那想要流經你的宇宙能量，看一看此能量在你身體的哪個部分較難流動，觀想此能量藉由頂輪進入你的身體，讓它經由你的第三眼、喉部與心部一直向下流動。

好好地觀察一下，你的太陽神經叢對此能量作何反應？是否有牴觸、抗議或恐懼存在？接下來再看一看你的腹部又有何反應？是否有某些感受出現？抑或「不能這樣，不可以這樣，這行不通」之類的想法？最後，靜觀尾椎處，感受一下，是否有什麼在阻礙來自你的靈魂與指導靈的能量？請以充滿愛的目光去觀察，不要帶著評判或嚴苛的態度。

「無價值感」是自我療癒的關鍵

這一傳導過程的關鍵正是：在與新能量相遇的過程中，舊有的能量逐漸浮出水面，被你感受到，藉著來自未來的能量，你能夠感受到、看到那些來自過去的傷痛。或許，你內在那充滿恐懼的一部分，在面對自由的能量時，會感到緊張與焦慮；不過，**只要你想要傳導來自靈魂——那個最深廣、最宏大的你——的能量，你的內在總會出現一些阻礙，以負面想法或情緒的形式出現**。不要評判它們，而是讚賞自己，為自己投入這一過程的舉動，這本身就是勇氣與生命感的見證。

如果你發現了**存在阻塞的部位**——你也可以借助身體感受來覺察，就請**關注**那裡，緩緩地將意識移到存在阻塞的地方，用柔和、開放、毫無逼迫性的意識環繞它。「來，到我這裡來。」你柔聲地對它說，沒有絲毫強迫之意，接納出現在那裡的一切，無論它是什麼，恐懼、惱怒或懷疑。如果你能夠帶著一顆充滿愛的心關注它、陪伴它，就能夠於內在為自己的靈魂能量開啟一條通道。最狹窄的地方決定了此通道的寬度。

請對阻礙自己靈魂能量的那一部分保持耐心與溫柔，接納它，允許它的存在。**你們內心深處蟄居著一種無價值感，這源自於曾長期主宰地球實相的一種集體能量**，此能量建基於權力與壓制，你們中的每一個人都依然在苦苦對付它的餘威。在較低的幾個脈輪處，依然存在著「我沒有價值，本然的我不夠好」等的信念，對你們所有人而言，實現自我療癒的關鍵正在於此。

存在這些信念的地方，也是阻礙最為嚴重的地方；不過，看到與體驗到這些阻礙之後，你可以用自身之光照耀它，也就是說，借助這些信念的「對立面」，肯定地對自己說：「我是一個有價值的人，本然的我已是美好的，我是一個美麗且強而有力的人。」要敢於走出來，敢於讚譽與鼓勵自己，不要害怕體驗與接納自身的偉大。如此這般，你就能夠以充滿愛的方式開啟通道。

第十四章 充滿愛的性

我問候你們。我作為靈魂，作為女性，作為你們的姊妹來到你們中間，我與你們是一體的。我也曾輪迴為人，自內而外地瞭解你們的一切感受，當我從這一邊觀看地球上的生活時，最引我注意的是地球生活的價值及人的脆弱。我看到你們在地球上可能經歷的痛苦與創傷，還有與此相對的，你們那不可思議的勇氣與堅毅，以及對光與愛的無止境的渴求。你們是勇敢的天使，縱身躍入地球實相的存有，幾乎總來自於頻率高於當前地球能量的次元，你們於內在深處接受了這一挑戰，做出輪迴地球的決定，由此，你們也投入了與黑暗、恐懼、阻力及孤獨的共舞。你們決定冒險來這裡，現在，我看到了你們之所以這樣做的原因，儘管這裡充斥著痛苦與沉重，然而，以肉身輪迴於物質實相、輪迴於形象世界，再沒有比這更豐富、更強烈的生命體驗了。

性欲是「真正靈性」的重要組成部分

你們常常希望能夠從形象、從分離中解脫出來，與某一更大更高的能量融合在一起；可是，我已看到你們的美，如你們所是的樣子——一個生活在地球上的人，男性、女性、孩童或成人，你們所擁有的具體形象以獨一無二的形式閃耀著你們的靈魂之光。許多靈性傳統都曾專注於超越人類形象，認為肉身不好，便不是真相的承載者；認為情緒不值得信任，激情更是如此；認為性欲是誘惑之源，甚至是毒藥。事實上，地球生活的各方面都被剝奪了神聖性，被剝奪了愛與歡悅。

控制欲是導致上述情況的原因。地球上曾經有過某些權力機構，它們試圖掌控這裡的生命，**控制人們的最簡單方法就是藉由灌輸各種思想與觀念來影響人們的精神**；相對來說，對精神的控制遠甚於身體層面上的施威。藉由灌輸給人們各種觀念，比如：他們是誰、他們相對於整體的存在價值與意義、他們那些自然衝動的善與惡等，就可以觸動人們的靈魂深處，並改變他們。關於人類的負面觀念已深深地影響了你們，也因此，你們要嘛以宗教教義為出發點，要嘛以否認人有靈魂的科學觀點為依據，越來越覺得地球上的生活毫無價值。這是你們曾經受到的傳統教導，它們不知不覺地影響了你們對自己的看法與感受，對自己的身體、欲望、渴望、情緒、激情的看法與感受。

如今，一個顛覆性的新時代已然來臨。那些訓導，以及貶低人們的陳舊且狹隘的教義，正面臨著前所未有的壓力，壓力來自於與生命、與靈魂連結更為緊密的年青一代，越來越多的人開始體驗到**個體性的美麗與價值**，人們開始日漸覺醒，儘管最初的範圍很小，但範圍會逐漸擴大，像油漬那樣自行擴散。新意識的降臨乃是一場回歸物質實相的運動，它邀請人們重新認識物質性、身體與性，隨著時間推移，它們將被逐漸看作是「真正靈性」的重要組成部分，而不再是「低級」與「罪惡」的代表。

傳統靈修體系教導你們，將自己提升至更高的層面，主要意味著放下自我的個人渴望與激情，我想要告訴你們的則是，**正是這些渴望與激情能夠幫助你們與想要透過你們來顯化的更高能量建立連結，真正的、充滿活力的靈性不會在腹與心之間製造鴻溝，而是將兩者連接起來，蟄居於腹部的激情正是通往自由與靈感的起點**。

如何才能行走在這條路上呢？

首先，你要轉向自己內在那所謂的「較低層面」，並以全然不同的目光去看待它，與自己的身體建立充滿愛的連結，用溫柔的關注問候它，讓氣息沉入腹部；**承認自己的動物性**，人類藉由頭腦生活已經到了如此嚴重的程度，已經與自身的動物性失去了連結。僅僅「動物性」這個詞，便會使你小驚一下，什麼？我？動物？然而，到底何為「動物性」呢？動物不像人類那樣擁有精神力量，它們依從本能而行，不過這一本能非常精微，比你們以為的要精微得多。

感官的喜悅度越高，與地球及自己的連結就越深

本能位於腹部，藉由本能，你能直接感受到對某事的真正感受，此時尚未有規則或評判介於其中，你的第一反應尚未受到任何限制與影響，是開放、鮮活與真實的；然而，你們很難信任自身的本能，有時甚至無法覺察到它的存在。你們如此依賴自己的心智，以致於失去了與本能的連結。

那麼，與他人建立親密的性愛關係，又會發生什麼呢？在不含性愛成分的友誼中，你可以處於本能、動物性的領域之外，在頭腦層面上與對方連接，隨著交往的深度，你也會與對方建立心靈層面上的連結；不過，一旦兩人涉入性的領域，就會有其它因素或力量介入其中，在身體層面上，會出現一種激情之火，它幾乎不會顧及頭腦，有時也不會顧及心靈。許多人對這一性欲的力量感到害怕，並可能以兩種不同的方式展現出來：第一種是，內在的動物性與性欲會使你心生恐懼，並因此而退縮，退離自己的腹部，不再信任自己的身體，你對性能量感到不自在，試圖對其嚴加控制；避開恐

懼的第二種方式是，保持性關係，卻緊閉心扉，你臣服於欲望，卻排斥另一層面上的親密。這是不自然的，人類的性愛本含有不同層面的「在一起」，如果對本能力量沒有恐懼的話，**臣服於自己的性能量可以助你與對方建立深刻的連結，腹部的能量會自然而然地使你們敞開心扉**，使你們無論在身體層面上，還是靈魂層面上，皆能融合在一起。

性能量是一種生命能量，你無法將其硬生生地囚禁於腹部，在沒有阻礙與干擾的情況下，它會自然而然地流入你的心部，甚至頭部，讓你的整個身體與能量場都能參與其中，這才是真正的性愛，它是靈性的，並非憑藉對動物性能量的否認，而是因為動物性能量能夠參與其中，進而成為通往內在深度溝通的門戶。你的身體是一道神聖的門戶，是連接腹與心、地與天的橋梁。

如何才能在生活中體驗到充滿愛的性呢？

首先要**接納自身的欲望**，**將其看作是自然而然**、**令人愉悅之事**。享受欲望，無需刻意，刻意地快速滿足欲望，恰恰反映出一種敵意——對欲望想要帶給你的禮物的敵意。欲望邀請你下沉至自己的身體層面，**享受自己的肉體性**，**欲望並不僅僅局限於性欲**，其範疇遠大於此。作為具有肉身的生命體，你擁有最基本的感官享受，這包括你在感官層面上與周遭環境的一切互動，與那些在感官上**觸動你**、帶給你某種**享受**的事物的互動，品味佳餚、享受飲品、靜臥在溫暖的被衾下、騎行於怡人的熏風中、聞嗅大海的氣息、體悟林間的清新……只要你對這些體驗持開放的態度，便能夠深深地享受這一切，而且這種感官享受中還帶著一抹「肉欲」的色彩。

此外，在與他人的關係中，也毫無例外地包含感官這一面向。你們促膝交談，四目相對，靜觀彼此，與他人建立溝通的那一刻，你在身體層面上也受到了觸動。

感官享受是美好的，**並不是壞事**，它自始至終都存在，你對此的體驗越多越深，你與地球及自己身體的連結就越緊密。**感到性欲升起之際**，**請將其看作是人類固有的**、**廣泛的感官享受的延伸**，它完全擁有存在的權利，它是一股積極正向、正在尋找與他人的溝通與互動，進而使你享受其中的能量流。不要害怕這一能量流，當你對體內的這一能量流感到**自在**時，就邁出了關鍵的第一步，由此，你與他人的親密接觸成為可能，你信任自己的身體，以及它希望為你提供的體驗機會。

誠然，當你開始與某個人交往時，忽然會有許多其他的因素涉入，忽然間，你與某一完全不同的生命體變得非常親近。為了能夠在這段關係中感到安全與信任，你們必須對彼此敞開心靈，正因如此，內在的舊痛也可能被喚醒，比如不信任，以及為了保護自己、不妥協於他人而築起的牆。你們每個人都有這樣的牆，認知自己內在的這道牆是非常重要的，若能更好地瞭解對方，理解對方的防禦機制，你們就會漸漸地對彼此敞開心靈，這樣的話，你們也就更容易在腹部層面上敞開自己，使雙方的心靈之流與腹部之流皆連接在一起。這是一個精微的過程，需要你們對彼此的耐心、關注與奉獻精神。

請認真聆聽身體的需求

你們的社會對性愛充滿了困惑，男女之間的性體驗會開啟一個神聖、寂靜的領域，在那裡，你感覺自己被提升到一個充滿愛的天堂。這神聖的合一體驗並不等於情欲，然而，情欲、感官享受、對自己的身體感到自在……這些都是通往此神聖體驗的門戶，也因此，你在這一領域變得**放鬆**與**自在**是非常重要的。當然，這要依循適於你、屬於你的時間與韻律，這是對所有人——所有生活在這一轉變時期的人——的號召：為自己去探索，探索自己的身體對性能量的感受，探索如何享受它，以愉悅、舒適的方式與另一個人分享這一能量，如此這般，性愛意識也會逐漸發生轉變。憑藉新理論或頭腦思維是無法促成這一轉變的，**真正的轉變是自內而外發生的，藉由與身體、與地球的連結來實現**，它們已被迫沉默了如此之久。

現在，請將意識帶入腹部。意識即專注，請專注於腹部，感受一下這一區域的能量，然後，**將意識帶至你的性器官與海底輪**，以中立的態度將注意力帶到那裡，這是你身體的一個美麗的組成部分，感受一下居於此處的生命力之源，看一看或感受一下，你能否讓這一生命力之流、感官享受之流、肉體性之流，經由你的雙腿進入雙腳，進而與地球建立連結。感受一下，你完全可以舒適自然地體驗這一滋育你、助你扎根地球實相的能量流。

問一問你的身體，是否一切如其所願？你在日常生活中還能夠滿足它的什麼需求？往往，**這可能是一些非常簡單的事，卻很容易被你的頭腦忽略掉**。請認真對待這些需求，你的身體想要帶你回歸自己，身體並不是靈魂的對立面，它是靈魂的物質形象，藉由尊重自己的身體、感官享受與腹部生命力，你會將自己的靈魂帶入地球實相，並允許其透過身體這一門戶，照耀你的人生。

第十五章 心與腹的連結與合作

我是抹大拉的馬利亞，能夠與你們交流，我的心中充滿了歡樂與喜悅。我為你們感到驕傲，無論是現在的你們還是未來的你們皆如此。你們是老靈魂，已經多次輪迴於地球，體驗過形形色色的恐懼。長久以來，某個低頻意識一直主宰著地球，所謂**「低頻意識」**指的是：這一意識以生存、抗爭和權力為目標，因而製造了許多恐懼，比如對表達自己的恐懼、對展示真實情緒的恐懼，以及對閃耀自身之光的恐懼。你們所有人都已形成一種條件反射，因對危險和威脅的恐懼，你們隱藏自己，使自己變得渺小，不引人注目。在你們的某些前世，這些威脅確實存在，時至今日，世界上的某些地方也依然存在著諸如此類的威脅。

在你們呱呱墜地，開始這一生之時，便攜帶著舊有能量所構成的重負；然而，我在你們身上看到了極大的勇氣與毅力，也因此，我的心中充滿了喜悅及對你們的敬重。你們對新意識滿懷熱忱，願意為其奉獻自己，並毅然決然地真正回歸內在，去面對內在的痛苦與負面信念。你們所擁有的勇氣與毅力將會助你們歸家，儘管有時從表面上看來，彷彿前路漫漫、障礙重重。前方的路並非沒有盡頭，你們終將歸家，尤其是回歸自己，回歸自己的心靈與腹部。

請讓心與腹部建立連結

腹部是地球生活的根基，你的心攜帶著更高能量與靈魂記憶，將你與超越地球實相的次元連接在一起。此時此刻，你們都感受到與自己靈魂的連結，輕聲的呢喃、一種強烈的感受、一種知曉……靈魂以這種方式與你溝通。你們許多人都非常敏感，容易感受到他人的能量與心境，對來自外界的刺激反應強烈，心是敏感的器官，這對於那些內在成熟、意識層面較高的人來說，更是如此。也因此，腹部是如此地重要，你藉之與地球，與你的身體，與居於此部位的本能、願望、情緒和熱忱建立連結，只有心與腹建立起連結，你才能將自己所攜帶的更高能量根植於地球，才能將其真正地彰顯於地球實相，彰顯於尚充斥著抗爭與恐懼的日常生活。

現在，**我邀請你們和我一起與腹部建立連結**。緩緩地呼吸，將氣息柔和地送至腹部，不要強迫，也不要施壓，讓注意力緩緩地沉入腹部，不要急躁，感受一下，腹部都有什麼感覺？**你可以這樣想，那裡是一個陰暗的空間，你用關注將光送到那裡**。隨著呼吸，你更加深入地沉入腹部，讓自己的注意力繼續下沉，進入海底輪，那位於尾椎的能量中心，你藉此與地球母親連接，與這一個為你提供肉身的星球建立連結。感受一下，一股來自地球的能量向你問候，像一個活潑有生氣的存有那樣問候你。

地球本身也擁有活生生的意識，她能夠感受你、覺察你，請信任她的力量，她的韻律，她的智慧。你居於肉身中，非你莫屬的肉身，請真誠地歡迎與接納居於肉身中的自己，如你所是的樣子。感受一下「這樣的你」的脆弱，以及蘊含其中的強大力量，地球的力量。

地球是一個天然的生命體，你可以在周遭環境中看到這一點，季節的變遷，晝夜的更替，生命的來去，一切的一切都在不斷更新。居於腹部的生命能量，情緒、期待與願望的動態變化，亦有其自然韻律，不過你們對這些韻律往往視而不見，其中的一部分原因是，你們的社會一直在訓練你們要運用頭腦，依循頭腦而行。儘管在當前這一時期，轉變正在發生，但來自過去的影響依然存在，人們依然保持著在頭腦層面運作，過度地思考、擔心與規畫。也因此，你們對於腹部的自然韻律缺乏關注，知之甚少。

也有可能，你與心靈保持著緊密的連結，你高度敏感，不過卻缺乏與腹部的連結。你對自己的心靈與感受確實是敞開的，但是，這種狀態是不穩定的，缺乏只有「根植地球」才能提供的穩固性，**這也是許多光之工作者正在經遇的問題，他們的心輪敞開，但是，在根基處卻並未堅實地立足於自己的中心**。

自在地居於自己的腹部中心，以充滿愛的態度與蟄居於此處的鮮活力量合作，為什麼如此難以實現呢？請在聆聽我的同時，將注意力保持在腹腔，賦予其溫柔的、充滿愛的關注，那裡居住著你的內在小孩，那裡蟄居著你對親密關係、交流與互動、友誼與愛的嚮往。不過，那裡亦傷痕累累，你的信任遭到破壞，對展現自己充滿了恐懼。請溫柔地進入這一區域，那裡隱藏著你所能找到的最大的寶藏，只有能夠自在地居於腹部，與活躍在那裡的情緒與感受建立起連結，你才能讓自己的靈魂之光徹底下沉，這樣，你才能從恐懼中解脫出來，才能閃耀自身之光，真正地生活。

現在，**請看一看居住在那裡的內在小孩**。那裡隱藏著一個男孩或女孩，他或她因著諸多的「不可以」而學會了壓抑自己，不去展現真正的自己。**邀請這個孩童**，請他／她與你一起玩耍，以尊敬的態度對待他／她，請他／她走出來，走出陰暗的角落。問候自己的內在小孩，向他／她伸出歡迎之手，問一問他／她都有什麼需求，如何才能在日常生活中為自己的內在小孩提供支持，賦予其勇氣與力量呢？

信任自己的渴望與激情

就此，我想談一談兩性能量與兩性關係，這一主題與腹部區域有著緊密的關聯。性與愛戀會喚起人們內在深處的情緒，並顯示出光明與黑暗的兩個極端，其中的一個極端是：與志同道合之人、自己深愛之人，看到並認出自己之人在一起時的喜悅與極樂。關係剛開始時，往往會出現這些極樂與喜悅的時刻，你們稱其為「愛情」，這些時刻構築成一張請柬，邀請你們去探索彼此、瞭解彼此，對愛的渴望、愛情與性，每個人都會被其深深觸動。**性愛關係的最深意義是，關係雙方相遇在所有的層面上：頭腦、心、腹部，這樣的相遇使得兩個靈魂對彼此敞開，不僅如此，它還為雙方的內在成長與自我實現提供了強大的激勵**。也因此，在我眼中，諸如此類的「在愛中相遇」是神聖的，性愛，作為這一「愛的相遇」的組成部分，也是神聖的。

然而，在你們的社會中，圍繞「性」這一主題，存在著諸多禁忌。那所謂的人們內在的黑暗力量，諸如激情、欲望與熱忱等，長期以來備受責譴與評判，也因此，許多人不再自然而然地聆聽與回應這些力量，不再相信它們本具有與心和腦建立連結的天性。因各種評判，你們人為地區分出所謂的**「較高的感受」**與**「較低的欲望」**，這一極不自然的分裂很有可能會使人陷入絕望，因為，**脫離腹部是無法生活的**。你擁有欲望與渴望，它們有時會越界，使你無所適從，不知該如何去面對，此乃無法避免的事實，不過也從來沒有人教過你該如何去因應它們，大多數的靈性傳統都未曾向這些力量——激情與熱忱之自然力量——伸出友誼之手。如今，我想告訴你們，只有信任自己體內的深層力量，才能在心與腹、天與地之間築起橋梁。

現在，讓我們回到戀愛初始期，這一階段，你們常常會體驗到一種令人無法抗拒的強大力量——愛情，無法掌控。在某種程度上可以說，愛情之花驀然綻放，你循著花香墜入愛河，對方對你有著極大的吸引力，這使你不得不放棄自己建起的各種防禦機制與道道高牆，這股力量邀請你在與對方的關係中敞開自己，展露脆弱；如果對方亦如此，你們就有可能建立起美好與熱烈的關係。兩個人逐漸走近彼此，並生活在一起之後，隨著時間的推移，愛情會漸漸轉變成一種更富於生活性的愛，這種愛也想要看到對方的痛苦與黑暗面，想要面對這一切，這對許多人來說是艱難的一步。

最初的吸引力、愛與迷戀是入口，你由此獲得與對方在所有層面上建立連結的可能；然而，或遲或早，伴侶身上那些令你不滿、使你傷心或氣惱的面向會呈現出來，**對方並非你的「拯救者」、並非使你變得完整或獲得解脫的人，你有自己的路要走，即便你們之間非常親密亦如此**。這些都是你們能夠在關係中逐漸獲得的洞見，它們督促你們**去正視自身的黑暗面**，自己尚未察覺的對「全然的愛」的嚮往，以及想要從對方身上獲得這種愛的傾向。

你看，諸如愛情這樣的自然力量，首先將你帶入極樂的狀態，以能「促使」你接下來更加深入內在，由光進入黑暗。我所謂的「黑暗」，並沒有「錯誤」或「不好」的意思，我所指的只是你的內在或對方的內在，那些尚未得到允許以能進入光的面向。若你能夠信任腹部的力量，信任自己的渴望與激情，並以覺察、警醒且不評判的意識覺知加持它們，親密關係所能觸發的內在轉化過程就會開啟。**你將極樂與覺知結合在一起**，這時，你與對方的**共舞就會變得更加深入**，而且也會遇到低谷；不過，你們雙方對彼此都是真誠與真實的，你們的愛也是堅定穩固、實實在在的。

我再次邀請你們關注自己的腹部。你們渴望愛，渴望愛情與友誼中那真誠的人與人之間的愛。當你與某人變得親近之際，你會感覺到來自對方的強烈吸引力，不過，時時**靜下心來，覺察對方的哪些品質觸動了你**，也是非常必要的。請敬重這一過程，不要因親密關係有時會帶給你的痛苦而感到失望，甚或失去信心，至關重要的是你，以及你能夠從中學到什麼，在哪些方面獲得成長。請對腹部層面上的愛敞開自己，敢於重新進入生活，對與他人的真正溝通持開放態度，即便你與對方的關係已經頗為長久（你們已相守多年，非常瞭解彼此），業已習慣彼此，你依然可以**重新敞開自己**，重新感受自己曾經感受到的新奇，以及來自對方的吸引力，**不要理所當然地認為自己對**

對方瞭若指掌，在他／她的意識國度中，總存在著嶄新與未知的領域。

當你對腹部層面上的一切、對「親密接觸」領域中的一切抱持開放態度時，你的靈魂之光就能夠下沉，你心靈層面上那充滿愛的意識覺知，將與你人性層面上的熱忱、渴望、痛苦、猶疑以及恐懼攜手合作。**心靈與腹部的連結，正是「意識煉金」的基礎與溫床。**

謝謝你們，感謝你們的關注。現在，請對環繞我們的偉大的愛之能量敞開自己，這來自於你們的指導靈、你們自己的靈魂，以及那貫穿一切、承載一切的源頭。請接受並納入聚集在自己周圍的光，即便你之後在書中讀到這些文字，這也同樣適用，此光猶在，它並不受限於時間與地點。

光，乃是你的真實本質，它既為你存在，亦來自於你。

我們所有人都在光中彼此相連。

Eurasian Publishing Group
圓神出版事業機構
用心與你對話．視野無限寬廣
方智出版社
Fine Press

www.booklife.com.tw reader@mail.eurasian.com.tw

新時代 187

內在女性覺醒

De verboden vrouw spreekt: Maria Magdalena over de liefde

作　　者／潘蜜拉．克里柏（Pamela Kribbe）
譯　　者／艾琦
發 行 人／簡志忠
出 版 者／方智出版社股份有限公司
地　　址／台北市南京東路四段50號6樓之1
電　　話／（02）2579-6600．2579-8800．2570-3939
傳　　真／（02）2579-0338．2577-3220．2570-3636
總 編 輯／陳秋月
副總編輯／賴良珠
責任編輯／鍾瑩貞
校　　對／鍾瑩貞．賴良珠
美術編輯／林雅錚
行銷企畫／詹怡慧．林雅雯
印務統籌／劉鳳剛．高榮祥
監　　印／高榮祥
排　　版／莊寶鈴
經 銷 商／叩應股份有限公司
郵撥帳號／18707239
法律顧問／圓神出版事業機構法律顧問　蕭雄淋律師
印　　刷／祥峰印刷廠
2019年8月　初版

定價 310 元　ISBN 978-986-175-532-8

你本來就應該得到生命所必須給你的一切美好！
祕密，就是過去、現在和未來的一切解答。

——《The Secret 祕密》

國家圖書館出版品預行編目資料

內在女性覺醒／潘蜜拉・克里柏（Pamela Kribbe）作；艾琦 譯；
-- 初版 -- 臺北市：方智，2019.08
288 面；14.8×20.8公分 --（新時代；187）
譯自：De verboden vrouw spreekt : Maria Magdalena over de liefde
ISBN 978-986-175-532-8 （平裝）
1. 靈修
192.1 108009718